华为核心管理法

李涵　著

WUHAN UNIVERSITY PRESS
武汉大学出版社

图书在版编目（CIP）数据

华为核心管理法 / 李涵著 . —武汉：武汉大学出版社，2019.9
ISBN 978-7-307-21108-7

Ⅰ . 华…　Ⅱ . 李…　Ⅲ . 通信企业－企业管理－经验－深圳
Ⅳ . F632.765.3

中国版本图书馆 CIP 数据核字（2019）第 181355 号

责任编辑：黄朝昉　孟令玲　责任校对：牟　丹　版式设计：贾大龙

出版发行：**武汉大学出版社**　（430072　武昌　珞珈山）
（电子邮箱：cbs22@whu.edu.cn 网址：www.wdp.com.cn）
印刷：北京柯蓝博泰印务有限公司
开本：710 × 960　1/16　印张：15　字数：150 千字
版次：2019 年 9 月第 1 版　2019 年 9 月第 1 次印刷
ISBN 978-7-307-21108-7　定价：39.80 元

前言

2018年9月底，意大利两大通信运营商TIM和Fastweb同时宣布，首个3GPP标准的5G基站已经正式投入商用，而为其提供通信设备、技术的正是中国华为技术有限公司（简称“华为”）。这家运营商均表示十分满意华为的5G设备，今后会继续跟华为合作下去，双方一起努力加速意大利国家数字化的发展。其实，德国、英国等国家早已跟华为开展了5G合作。

华为在通信技术上面已经是世界级大公司，不但规模大，而且技术也与发达国家相当甚至领先，尤其是在即将开始应用的5G通信技术上。5G技术不但会带来巨大的经济效益，还在军事与国家安全上有很大的用途。

一个创立才30年的年轻公司，发展竟如此迅速，真的让人难以置信。

1987年，一个失业的中年男人，跟几个志同道合的朋友一起凑了2.1万元，成立了一家公司——华为。2017年，华为已经实现了销售收入6 036亿人民币，业务遍布170多个国家和地区。

原来从未将华为放在眼里的世界通信巨头思科公司总裁约翰·钱伯斯告诫员工道：“在今后几年里，思科只有一个竞争对手，它就是华为！”

是什么让华为崛起得如此之快？是什么让华为从开始的“一穷二白”，到现在拥有“万里江山”？华为成功的秘诀是什么？华为的方法又是什么？很多人都充满了好奇，都想学习华为的“速成”之道。

有很多企业效仿华为的文化和体系，但是结果并不理想。华为的文化和体系，是从开始一步步沉淀下来的，不是轻易就能模仿的。何况华为现在的文化和体系，对于一些中小型企业来说不一定适合，如果非要生搬硬套，最终可能得到一个“四不像”的怪物。

其实，经过30年的发展，华为早已将当初的方法和体系，融入到新的管理体系和流程之中，细化成为各种具体的工作方法，让所有员工都能很好地理解、掌握并应用，进而形成了独特的华为管理法。

对于那些想要学习华为的企业或者个人来说，如果想要获得真正有意义、有价值的东西，可以先学习华为在运作过程中的各种具体管理方法及华为员工的工作态度和工作方式。这是华为企业文化的精华，容易效仿并实施。当一家企业的员工都能像华为人那样高效地工作，那样尽心地为公司奋斗，那么下一个崛起的可能就是这家企业了。

本书从华为发展过程中的真实案例出发，从华为人的工作经验和任正非的言谈写起，重点解说了华为公司的目标工作法、执行力法则、科学工作法、团队工作法、工作调动法等，从中提取和整合了有关工作法则及具体操作方法。为了方便读者理解和应用，还增加了其他案例和相关的理论知识。

通过本书，可以了解华为人是怎样对待工作的，是怎么面对工作中的困难的，是怎样把自己变成一个高效的华为人的。一个人的成功，可能是偶然的，但是一群人的成功，肯定有一套成功的方法，这就是华为核心管理法。

华为核心管理法，不仅仅适用于工作，也适用于创业。那些从华为走出来开始创业的人，很多都在各自的行业里取得了不错的成绩。

如果你的工作效率低下，如果你想提高自己的能力，如果你有拖延症，如果你对目前的状态不满意，如果你的员工效率不高，那就来看看这本《华为核心管理法》，我想肯定会对你有所帮助。

本书的内容是编者从众多的原始资料中提炼编辑而成的，如有片面或者错误之处，还请读者谅解。

编者

目录

第一章

华为目标管理法：目标决定行动

第二章

华为执行力法则：再好的计划，没有执行也白搭

第三章

华为科学管理法：掌握科学方法，让工作事半功倍

第四章

华为团队管理法：小的成功靠个人，大的成功靠团队

第五章

华为工作调动法：有时候态度比能力更重要

第六章

华为自我更新法：有危机才有成长，推翻自我才能重塑自我

第七章

华为创新法：虽然创新有风险，但不创新才是最大的风险

第八章

华为组织考评法则：军事化管理，下属要绝对服从领导

第九章

华为的社会责任：成就越大的人，责任也越大

第一章

华为目标管理法：目标决定行动

坚持最初的梦想

在将苹果、三星、小米作为目标时，不要迷失自己！我们不要让别人牵着我们走，不要看到别人成功，就重走别人的路，要找找自己该走什么路。

——任正非

可能刚去一家单位时，我们都怀揣梦想，斗志昂扬，都渴望在公司里做出一番成绩来。“一年内我要做到……三年内我要做到……”“我要向某某学习，提高自己，我也要成为他那样优秀的人。”

但是渐渐地，你会发现枯燥繁重的工作让你开始麻木，你的热情被消耗殆尽，你的雄心壮志也没有了。一年过去了，三年过去了，在工作和生活的双重压力下，你开始更加关注现实，已然忘记了最初的梦想，忘记了当初对自己许下的诺言。

一个人如果没有了梦想，就像在大海里航行的船失去了方向，不知道自己将要漂向何方，从此就开始迷茫，不知道工作是为了什么，慢慢就会失去对工作的热情。所以，只有清楚自己到底要去哪里，才会最终走到哪里。

华为的很多员工，喜欢把自己最初的梦想记在日记本的扉页上，这样一打开笔记本就能重温自己最初的梦想，或者写在一张小卡片上，然后挂在床头或者办公桌前，随时鞭策自己。

对于那些有梦想并一直坚守的员工来说，无论在哪里、做什么，都会为自己的梦想而努力。梦想不只是说说而已，而是要用实际行动去实现的。每当遇到困难，每当想要放弃时，看看自己的梦想，又恢复了斗志。

华为成立五周年的时候，任正非就提出了一个让人觉得是“空想”的梦想，他说二十年后，世界通信制造行业将会形成“三足鼎立”的局面，而华为必将是其中“一足”。当初他提出这个梦想的时候，有不少人觉得他是在胡说。可是到了2016年，华为有17万多名员工，华为的产品和解决方案已经应用于170多个国家和地区，服务全球1/3的人口。

1991年，华为正在艰苦的环境中研制程控交换机，当时进展缓慢，而且实验数次失败。那时的一次会议上，任正非问台下的员工：“你们知道2000年以后，华为最大的问题是什么吗?”员工们都摇头，任正非笑着说：“是钱多得不知道如何花。所以你们买房子的时候，客厅可以小一点，卧室可以小一点，但是阳台一定要大一点，还要买一个大耙子，天气好的时候，记得经常在阳台上晒钱，否则你的钱会发霉。”

他让所有员工记下这些话，只是有的员工觉得他不过是在做梦，因而并没有把这些话放在心里；还有一些员工在现实面前忘记了这些话，在2000年前就离开了；但是也有不少员工用心记住了任正非的这些话，并且时刻用这些话来激励自己，最终这些员工在2000年以后成为了百万富翁或者千万富翁。

当然梦想的实现一定是充满坎坷和曲折的，如果梦想那么容易实现也就不叫梦想了，很多人都在梦想即将实现的前夕放弃了，但是华为人对梦想的执着是罕见的，也正因为他们的坚持与执着，才有今天的华为。

我们看到今天华为绚烂的光环，但是却没有看到，华为人为坚持梦想而进行的努力；我们没有看到他们在面临挑战，遭受挫折，经历失败，遇到迷茫，甚至不知道下一秒会发生什么时，他们的永不言弃，他们的拼尽全力！

2003年，一名在尼日利亚做销售的华为员工，在异国他乡，毫无人脉，每当他敲开一扇门，听得最多的就是："华为？中国？我没听过！"有时连门都进不去，甚至被当地人嘲笑，"我从来没听过华为公司。"面对一次次地被拒绝，一次次的冷眼，这名华为人，想起自己来之前的诺言，想起自己进华为时的梦想，并没有就此放弃，依然继续努力着。一次偶然的机会，得知当地项目的负责人要嫁女儿。尽管举行婚礼那天天气恶劣，汽车也在半路抛锚了，但是他还是坚持赶到了婚礼现场，送去了最真挚的新婚祝福。不知是这真挚的祝福还是他的坚持不懈打动了对方，最终他拿到了这个项目。

2003年，尼日利亚华为手机用户不到200万，但是到了2015年，已经突破了1.3亿。正是无数个这样的华为人，才成就了华为的梦想。他们在成就华为的同时，也成就了自己，实现了自己心中的梦想。

一位曾在海外奋斗多年的华为高管说："从太平洋到大西洋，从北冰洋到南美洲，从玻利维亚高原到死海的谷地，从无边无际的热带雨林到烈日炎炎的荒芜沙漠……离开家乡和亲人，为了让网络覆盖全球，数万华为员工，奋斗在世界的每一个角落，有人的地方就有华为人追逐梦想的脚步，我们肩负着为近30亿人的通信服务的职责，责任激励着我们，鼓舞我们不断前进。"

从一开始就知道自己要什么并且不断为之努力的人，是令人敬佩的。无数次遥望星空，是否还能记起曾经的梦想？每一次的砥砺前行，是否还记得我们是为什么出发？对现实无奈的妥协，是否已经让我们面目全非？现在的我们，还在坚持最初的那个梦想？

任正非认为拥有梦想很重要，但更重要的是要持久地拥有这样的梦想。只有这样才会"不忘初心，方得始终"。也许，很多人都想像华为人那样活得精彩、成功，那么就像华为人那样寻找最初的梦想，并为之奋斗。

工作不要瞎忙，有了目标再行动

> 世界都是循序渐进的，我不相信大步跨越前进就可以成功。
>
> ——任正非

经常听到有人说：“今天我都快忙死了，水都没喝上一口。”

“你都做了什么，那么忙？”

“好像也没做什么，就是瞎忙。”

很多人每天一到公司，就开始忙碌起来，有时忙得脚不沾地，下班了还要加班到很晚，但是他们并不清楚自己到底做了什么，不清楚自己工作的目的。他们的口头禅是：“反正领导让我这样做，我就这样做呗，想那么多干什么？”正是因为这样的工作理念，最终影响了他的工作效率、工作状态及最终的个人成就。

目标在自我管理中占有极其重要的位置，它既是出发点，也是最终归宿。

有人做了个统计，2% 的人有清晰的目标和可执行的计划，这些人最后成为了各个行业的精英级领导者；80% 的人也有自己的目标，不过要么他们的目标在不停地变换，要么没有可执行的计划，这些人最后成为了苦苦挣扎的普通青年；还有 18% 的人，没有目标，只是懒懒散散地得过且过，最后成为了非常一般的人。

即使是华为这样出色的企业，在发展初期也遇到了很多问题，比如虽然员工很努力，但是业绩总是不达标，有时候结果与预期相距甚远于是管理者开始展开深入的调查，调查发现，大部分的华为员工，只是简单地按照领导的指令行事。在接到任务后，他们马上开始埋头苦干，根本不愿先考虑一下自己的工作目标，也就不知道自己什么时候执行任务更好，不知道自己怎样去做才更加合理，也不知道自己应该做到什么程度。

这样没有目标就行动的工作方式，最终造成了工作上的混乱，让有的员工选择了错误的工作方法，甚至有的员工擅自改变了目标，还有的员工在工作完成后才发现做的是错的，是无用功。

面对这样的情况，任正非让大家停下手头上的工作，好好反省一下，让每个人在工作之前都必须有明确的目标。20 世纪 50 年代，美国管理学大师彼得·德鲁克在《管理的实践》中，首次提出“目标管理”这个概念。德鲁克认为，并不是有了工作之后才开始制定目标，相反，先有了目标，然后才能确定每个人的工作。

华为在培训员工的时候，让每一个员工在工作开始前必须弄清五个要点：做什么，如何做，做多少，在哪儿做，为什么做。这五点是做好工作的前提，而工作目标的制定恰恰包含了这五个要素，因此制定目标实际上是做好工作的前提条件。可以说，目标具有很强的指向性与引导性，能够正确引导员工的工作，正像任正非所说的：“先瞄准目标，再开枪。”如果没有目标和方向，那么就是乱枪打鸟，无论员工的能力有多强，工作多么勤奋，始终难以获得成功。

目标的缺失或者混乱，无论对企业还是个人来说，往往是致命的。任何一个公司，都不希望招聘那些只知道一味埋头苦干的员工，毕竟脱离目标的员工也是脱离体系的，他们不仅不能真正为公司创造更大的价值，还会打乱公司原有的规划与部署。而对于员工个人而言，无目的的工作只会造成个人工作状态混乱，会严重影响个人的工作效率，以及自己存在于工作中的价值。

对于企业或管理者来说，重要的是进行目标管理，要让每一个员工都树立起目标；而对于员工自己来说，更要懂得树立工作目标，明确自己的工作方向与工作内容，然后按照目标一步步去行动。

每一个新进入公司的员工都怀揣梦想，都渴望在公司里干出一番事业，只不过在经年的拼搏中，很多人忘记了这些想法，忘掉了当初对自己的承诺。一个人失去了梦想，也就失去了前进的动力和方向，只有弄清楚自己一开始要去哪里，才能最终走到哪里。

路要一步步去走。在管理上，不做一个激进主义者，而是一个改良主义者，一小步的改进，一小步的进步。

华为在发展的过程中，虽然采取群狼战术，实现了快速扩张，但实际上华为的发展是通过一小步、一小步发展壮大起来的。华为每个员工都严格按照"制定目标—执行—完成目标—制定新目标"的方式进行工作。

对钱感兴趣，才能挣钱。任正非说："我希望我们的员工能够对钱产生饥饿感，希望你们每看到一分钱都会说：'这会是我的。'"

华为对员工实行分级制度，级别越高的人工资也就越高：13C 级的员工月薪 5 500 元，15C 级的员工月薪 10 500 元，18C 级的员工月薪 25 500 元等。

"挣到更多的钱"就是华为员工在工作中的一个座右铭，而这种目标追求总能够带来最直接、最有效的激励效果。

目标不要好高骛远，适合自己就行

这个国家，青少年还得奋斗！

——任正非

很多企业在每年年终时，会让员工制定来年的工作目标。大多数员工为了迎合公司的管理者，在制定目标时好高骛远，不去想自己是否可以实现，而是制定出连自己都不相信的目标。这样面子好看了，公司领导也喜欢，最后的结果却是不了了之。制定这样的目标又有什么意义呢？

制定目标时要看是否适合自己，什么样的目标才是适合自己的呢？拿破仑曾经说过："做那些你所能做到的事，做那些你有机会做到的事。"同样的目标，可能适合其他人但是不一定适合你。因为每个人的能力不同，做事方式不同，所适合的事情也会不同，所以在制定目标时，不要被同事的目标所影响，找到适合自己并且自己能够做到的事情。

在制定个人目标时，还要考虑公司的目标。华为的成功与其完善的目标管理法息息相关，在华为，小目标要服从大目标、个人目标要服从整体目标、短期目标要服从长期目标。正是这样，才成就了如今的华为。

关于目标，任正非说任何目标都必须是可执行的，一切缺乏执行性或者不可能做到的目标，都是没用的。在华为，很少有人会制订一个不切实际的计划，因为公司不赞同，也不允许这样的目标出现。华为管理者认为，目标不是越大越好，一旦遥不可及，就会成为负担。

2002 年，某互联网公司创建了博客网，之后 3 年该公司始终保持每月 30% 以上的增长，排名也上升到全球百名以内。这样的业绩，让该互联网公司获得了大笔投资。企业高层管理者看到这样好的形势，于是宣称要做“全球最大的中文博客网站”，还制定了两年上市的目标，而当时公司只有 40 多人。

为了完成这个目标，公司开始疯狂扩张，很快把员工扩张到 400 多人，同时还在视频、游戏、购物、社交等众多项目上投入大笔资金。最终，千万美元的投资被挥霍殆尽，资金链断裂，经营也难以为继。

有不少企业的高管，面对公司的突然成功，可能会高估自己的能力，制定出不切实际的目标，最后为了完成这不可能完成的目标，耗尽公司的资源，把公司拖入破产的边缘。对任何一家公司来说，这样好高骛远的做法都是非常危险的。所以，员工在制定目标时要实事求是，制定自己可以完成的目标。

任正非多次表示：“我没有思考什么远大的理想，我正在思考的不过是未来两年我要做什么，怎么做……”宏伟的蓝图总是要一笔一画的勾勒，一个伟大的构想也需要一个个短期的、明确的、切实可行的目标才能达到。正因为如此，华为公司的员工们也都有明确的、切实可行的工作目标。

怎样才能制定出适合自己的、切实可行的工作目标呢？我们来看看华为的目标管理 SMART 标准。这个标准不仅为员工工作厘清了思路，让员工更加高效地工作，还为管理者对员工绩效考核提供了考核目标和标准，保证了考核的公正、公开和公平，从而形成了良性循环。

SMART 标准中的 Specific（明确性）原则，要求员工的目标必须是明确的，不能模棱两可。华为为了让员工的目标明确，又实行了 5W1H 法。

What——你的目标是什么？

华为的员工在制定目标时，都有一张计划控制表，不过在填这张表之前你要先明确制定控制表的目的、前提条件、操作方法、执行重点、相关问题及具体工作对象等。

When——什么时候执行？

在华为，每个人都在计划控制表中，标明每一项任务完成的具体时间、项目开始和结束的具体日期，并且留出发生意外状况的最终完成时间，做好应急预案。上级主管会根据你的计划完成时间，检查你工作的进度，如果没有完成，还会跟你一起寻找原因，找到解决方案。

Where——选择什么地点？

华为一直秉持全球化的发展战略，非常重视“地利”的选择。因为选择合适的场地，可以发挥出“地利”的优势，节约项目的成本。例如，华为在北京、上海、深圳、东莞设立研发中心，就是出于对“地点”选择的考虑。

Who——谁是最适宜的人选？

在华为，不是说某个项目谁都适合，管理者会考虑到底让谁做最适合，因为执行人关系到目标实现的效率、效果。比如，在开发JK1000时，有很多员工符合人选，但是华为没有随意指派，高层管理者进行了多次对比研究、协商，最终决定将任务交给郑宝用去做。原因是当时的助理工程师郑宝用之前主持研发了HJD48程控用户机，该程控机被相关部门评为国产同类产品质量可靠的用户推荐机。

Why——这样操作的原因是什么？

在华为，每一项决策、每一个具体项目的确定，都要先进行可行性研究，为什么这样做？这样做可以为企业带来多少效益或者能达到什么效果？员工在制定自己的目标时，也要根据公司的目标，分析自己这样做的目的与好处。

How——怎样做才最有效率？

华为非常重视有效和省时的工作方法，并且致力于操作规范、流程优化，还为此制定了相应的奖励制度。在制定自己的目标时，要考虑一下，这是最有效的吗？怎样才能提高自己的效率？

华为的 5W1H 法，有效地保证了华为员工的工作目标不会过多地偏离现实，更不会好高骛远、无法实现。正是因为有着一个个切实可行的目标，才让华为的目标得以实现。2015 年华为的收入是 600 亿美元，2016 年华为的目标是 818 亿美元，最后达到 5 200 亿人民币，顺利完成目标。2017 年的收入更是达到了 6 036 亿人民币。这些亮眼的数据，证实了华为目标管理方法的有效性。

学会把大目标分解成小目标

路要一步一步走，饭要一口一口吃。

——任正非

成功从来不是一蹴而就的事情，一个长远的大目标可以给人指引方向，让人在这个瞬息万变的世界中能始终坚持自己的方向，最终到达设定的终点。但是，往往一个长远的大目标都需要花费较长的时间，需要付出很多，并且短期内没有什么明显的效果，这时人的积极性就会降低，信心就会大打折扣，可能就会放弃那个大目标。

相比较而言，人们更容易接受那些短期而具体的目标，对于那些长期而宏大的目标则不容易受其影响。一个目标再远大，如果看不见眼前的成效，那么只是一句空话。

怎么才能保证大目标的顺利实现呢？当需要实现一个大目标时，就要学会把这个大目标分解成一个个小目标。小的目标容易实现，每实现一个小目标都会让人信心大增，让人觉得自己离目标又近了一步，从而奋斗起来更有信心和激情。

1984年，名不见经传的日本选手山田本一在东京国际马拉松邀请赛中，夺得了世界冠军，这让很多人都很好奇，他是靠什么战胜对手的呢？面对记者的采访，山田本一说他是“凭智慧战胜对手”，对此大家都不理解，觉得他不过是在故弄玄虚而已，因为马拉松是靠体力和耐力的运动，说用智慧取胜，太牵强了。

让人意想不到的是，两年后，在意大利国际马拉松邀请赛上，山田本一再一次获得了冠军。很多记者让他说说自己的经验，山田本一的回答仍是那句让人摸不着头脑的话“用智慧战胜对手”。

很多人都猜不出山田本一这句话的意思，直到十年后，山田本一才在他的自传中做了解释：“每次比赛前，我都要乘车先把比赛的线路仔细看一遍，并把沿途那些醒目的标志画下来，比如第一个标志是银行，第二个标志是一棵大树，第三个标志是一座红房子，就这样一直画到赛程的终点。比赛开始后，我就以百米冲刺的速度奋力冲向第一个目标，等到达第一个目标后，我又以同样的速度冲向第二个目标。于是四十几 km 的赛程，就被我分解成几个小目标，这样就轻松地跑完了。以前比赛时，我不知道这样的道理，我把自己目标定在终点线上，结果跑了才一小半，我就疲惫不堪了，我被前面那段遥远的路程给吓倒了。”

山田本一能够在整个赛程都保持最佳状态，就是因为他懂得把大目标变成了一个个具体可见的、容易达到的小目标。因为每个小目标都是具体的，这样每到达一个小目标，就知道离目标又近了一步，心理的压力就会减小，就会有新的希望，也就更加有信心了。能够看得见的目标，才会比较容易到达，因为你会觉得它就在不远处，会给你巨大的信心和希望。

这种把大目标分解成一个个小目标的做法，也是华为员工的工作法之一。在华为，每个员工都严格按照“制定目标—执行—完成目标—制定新目标”的线路，一步步不断前进的。华为公司通常会制订一个五年计划和一个十年计划，但是公司各部门以及团队内部，则只会制订一个两年或三年的计划，这样能够保证公司的管理者和普通员工不会好高骛远，稳步向前，从而保证公司的稳健发展。

在华为的会议上，不管是领导者还是员工都会提出一个短期目标和一个中期目标，这样每个人都知道接下来自己应该做什么，以后应该做什么，以此来推进自己的工作。当每个员工的短期目标都完成后，公司的目标也顺利完成了。

华为的这种把大目标分解成小目标的工作法，不仅是员工的工作法，也是整个华为公司的工作法。

创业伊始，华为就树立了远大的目标，但是当时的生存环境非常艰苦，既有跨国公司的围追堵截，又有实力雄厚的大公司的四面夹击，为了生存下去，任正非选择了"农村包围城市"的市场战略。在通信行业站稳脚跟之后，任正非就提出了："10年之后，世界通信行业三分天下，华为将占一分。"

为了达到这个目标，华为的市场不可能总是局限在农村，于是华为在做好"农村"市场时，集中公司的资源，致力于新产品的开发，希望从技术上赶上跨国公司和国有企业，实现"包围城市"的战略。

在城市取得成功后，华为又将目标瞄准了国际市场，任正非说："为了活下去，我们必须走出国门，主动进攻，在市场搏击中学习，熟悉市场，赢得市场。我们决不后退、低头，不能被那些实力雄厚的公司打倒。"

在拓展国际市场时，华为采用的是务实的"先易后难"的战略，也就是"农村包围城市"的"海外"翻版。先避开了争夺激烈的欧美市场，把非洲和亚洲作为企业国际化的起点，然后再进攻欧美市场。就这样一步步，华为稳稳地走到了现在，实现了当年远大的目标。

无论是企业的发展，还是日常工作，都不要过度关注那些遥远的大目标。目标与现实的差距太大，会增加和放大工作中的困难，会导致奋斗者丧失信心。但是我们在设置小目标时，不要盲目地去设置，而是根据大目标去分解，去设置，这样才能保证没有偏离大目标。

我们要向华为人那样，懂得将大目标层层分解下去。这样每天做一点，每段时间完成一个小目标，才能觉得未来可期，才能顺利完成那个大目标。

给自己的目标设定一个“Deadline”

为了达到主要目标，可以在次要目标上做适当的让步。这种妥协并不是完全放弃原则，而是以退为进，通过适当的交换来确保目标的实现。

——任正非

记得小时候每学期的开学前几天，是最忙的时候，因为着急完成寒暑假作业；后来上班了，每个月底或者年底又是最忙的时候，因为着急完成上级交代的任务。从某种意义上来说，拖延是人的本性，不到最后一刻，我们都不会完成自己的任务。

怎样才能让员工的目标顺利完成呢？那就是给员工的目标规定一个最后期限，这样才能提高员工的工作效率。如果不给员工的目标一个完成的期限，那么目标的引导作用会大打折扣。

例如，如果领导让员工完成30万元的销售额，却没告诉该员工一个明确的最后期限，没有明确到底是一个月、一个季度，还是半年，那么对员工而言，这个目标根本不能称之为目标。结果就是这个本来可以在三个月内完成的目标，员工用了半年或者更久的时间，这样的目标根本就没有起到预想中的作用。

在华为，每个员工在工作开始之前，就已经将任务加以分解了，并且把每一步的工作都列成了清单，事先做好充分的准备，备齐了所有需要的物品，这样就不会发生在工作中到处找东西，分散注意力，为目标的顺利完成提供了有力的支持。

可能我们都会有这样的经历，在每项任务快要完成时，都会无意识地找各种各样的借口拖延，最后无法坚持把工作做完。在华为，为了杜绝这样的情况，员工们习惯为每个目标设定一个清晰明确的最后期限。不要小看这个最后期限，它会在潜意识中激励员工们坚持按时完成任务。

当一个人习惯这样的方式后，会发现自己的工作效率比原来快了很多，将会完成越来越多的工作，这些成功会让自己更加自信，效率将会越来越高。在华为，员工们大多是有目的地规划自己的工作，保持工作中的快节奏，这就是华为高效率的原因。

罗曼·V.皮尔，是世界闻名的牧师、演讲家和作家，曾经获得里根总统颁发的美国自由勋章——美国公民的最高荣誉。有一天他在高尔夫球场上，遇到一个正在清扫落叶的青年，那个青年说："皮尔先生，我想找个时间向你请教。"皮特追问道："什么时候呢？"青年说："哦！什么时候都可以。"

皮特说："像你这样说，你是永远没有机会的。"于是他跟那个青年约定好了时间，并问他想请教什么。结果那个青年很困惑，根本就不知道自己想要问什么，只是表示自己想做和现在不同的事。皮特又追问那青年，到底准备什么时候实现那个还不确定的目标，青年说自己也不知道。

于是皮特建议他花两星期的时间考虑自己的将来，并明确自己的目标，并在纸上写下来，然后给自己的目标设定一个最后实现的期限，再来找他。两个星期以后，那个青年带来了他明确而完整的构想，他要成为他现在工作的高尔夫球场经理，因为现任经理会在5年后退休，所以他把达到目标的日期定在了5年后。

有了这个明确的目标后，这个青年在这5年的时间里学会了担任经理必备的学识和领导能力。当上任经理退休后，他顺利完成了自己的目标。又过了几年，他成为公司不可缺少的人物。

如果青年还是像之前那样，没有明确的目标，更没有为自己的目标设定一个最后的期限，可能他的一生都不会有多大的改变。正因为青年听了皮特的话后，给自己制订了一个切实可行的计划，并且确定了一个合理的最后期限，然后一直努力奋斗，才完成了自己的目标，过上了自己想要的生活。

很多新参加工作的员工也会给自己设定一个目标，比如“我要当上部门经理”“我要进入公司高级管理层”“我要自己创业当老板”等，但是没有设定一个合理的最后期限。结果多年过去了，部门经理都还没当上，更别说自己当老板了。时间久了，曾经那颗充满激情的心也慢慢冷下来，人也就开始消沉起来，慢慢就丧失了斗志。

任何目标没有时间的限定，就像开出的一张空头支票。只有用时间给自己施加压力，才能保证如期完成任务，才能快速成长起来。

不过在设定期限时，要清楚有的目标能够在短时间内完成，有的则需要花费比较长的时间，在确定最后期限时，一定符合自己的能力。如果超过了自己的极限，那么这样的期限就是无效的；如果期限太长，远低于自己的能力，那么就起不到激励自己的目的，无法激发出自己的潜能，所以这个最后期限，要仔细分析自己的优势、劣势后再确定，不要随意规定自己的最后期限，要在实事求是的基础上，谨慎确定。

为了实现目标，要给自己的目标加上一个合理的最后期限。有了一个最后的期限，潜意识里就会为了最后的期限而努力。当设定一个期限后，就会随时检查自己的进度，这样完成的概率更高，做事的效率也会提高。

第二章

华为执行力法则：再好的计划，没有执行也白搭

不为失败找借口，只为成功找方法

我认为年轻人，在生命非常旺盛的时期，勇敢地走向国际市场，多经风雨，多见世面，将受益匪浅。

——任正非

在会议上向领导汇报工作时，你会发现一个奇怪的现象，那些顺利完成任务的员工，没有任何的借口；而那些没有完成任务的员工，总是会有各种各样的借口。有的说是资源太少，有的说是工作难度太大，有的说是他人没有配合好，有的说是工作的环境不好，用这些借口来掩饰自己的失败。他们从来不会主动从自己身上找原因，也不会主动寻找各种方法去努力完成目标。

如果借口成为一种习惯，那么每当遇到困难都会首先习惯性地抱怨，而不会主动思考解决的办法，渐渐地就会失去信心，失败也就越来越多。性格决定命运，当一个人习惯于抱怨时，他的未来已经注定与成功无缘。没有哪一个成功的人，是只会抱怨而不积极改变现状的。

在华为，大多数员工不会为自己找借口，虽然很多工作真的很有难度。面对有难度的工作，华为人用科学的方法去分析、分解，然后制订多套可行性的方案，最后坚定地一个个去完成。这也是面对一次又一次的危机，华为都能安全化解的原因。对于别人来说可能是致命的危险，但是对华为来说却是一次机遇，解决了就又获得了一次机会。

面对工作中的困难，华为人总是带着自发的、主动的精神去发现问题，并解决问题。一些华为的老员工，在多年的工作后，总结出两点经验：第一，公司下达的任何工作任务，都是经过科学分析后才下达的，所以没有完成不了的任务；第二，方法总比问题多，有找借口的时间还不如去想解决问题的办法。

华为一个海外项目正在冲刺阶段时，突然因诸多问题被卡住了：分包商与工人的付款出现了问题；工人已经连续几周没有好好休息，大家都很疲惫；机械设备也出现了问题，项目组之前租赁的机械设备已经被运走了。工人也在收拾工具准备回家，但是项目交付的日期马上就要到了，如果不能按时交付，那么前期所有的努力都白费了。

面对这样的情况，项目组没有抱怨，没有给自己找借口，而是积极行动起来，想尽一切办法去努力兑现对客户的承诺。项目组的成员每个人负责一项，联系机械设备的，确认本地分包商的，留住工人的。

但是，坏消息一个个传来，“对不起，我们的机械手已经回家了。”“不好意思，现在太晚了。”没有机械设备，留下的工人也只能回家，不过还好那些工人同意只要机械设备到位，他们就会马上回来。

但是机械设备到底在哪里呢？项目组的人和当地的华为员工，一起出动，发动所有能找到的资源，但是得到的答案都是“对不起”。时间过得真快，天已经暗了下来。但是没有人选择放弃，他们继续寻找机械设备。功夫不负有心人，终于在天快黑的时候，他们找到了机械设备。

夜幕降临的时候，项目终于重新开始运作了。大家进行最后的抢通任务：测量、开挖、穿管、倒盘。经过共同努力，华为人最后终于按时完成了任务，兑现了对客户的承诺。

面对困难，华为员工首先想的是无论如何都要完成任务，正是因为这样的信念，遇到问题时，他们会积极地想办法，尽一切可能努力达到目标。

任何工作都存在着各种各样的困难，如果只会一味地抱怨，一味地为自己找借口开脱，而不去想办法克服困难，那么最后就什么事情也办不好。在华为，从上到下，很少有人会找借口推脱，大家都是硬着头皮去努力做。一段时间之后，会发现当初的那些困难都被克服了，当初觉得不可能完成的任务和目标也都一个个实现了。

一流的员工喜欢找方法，而末流的员工喜欢找借口。很多工作不是真的做不好，而是缺乏责任感。那些喜欢找借口的员工，总是回避问题，总是想办法减轻自己要为失败承担的各种压力。这样的员工，又有几个领导会喜欢呢？哪个领导会重用总把问题推出去的员工呢？领导喜欢那些能帮自己解决问题的员工，不是那些总得自己去救火的员工。

不要找任何借口，不给自己留下任何退路，不顾一切地去完成目标，一个人的潜力被最大限度地激发出来，从而发现原来自己也是可以创造奇迹的。用这样的心态鼓舞自己，你会发现自己变得越来越优秀，成功也在不远处等着你。

拖延是执行力的毒药

时光不能倒流，如果人能够从 80 岁开始倒过来活的话，人生一定会更加精彩。

——任正非

想利用业余时间给自己充充电，但是一直没有付诸行动；想看一些资料来提高自己的专业技能，但是也没有付诸行动；想去健身，锻炼身体，但是还是没有行动。一个人在头脑中做了很多美好的计划，但是最后一件都没去做。没有执行的计划，就是空想。我们中的很多人，喜欢嘴上说说，却从来不付诸行动，最后错失了良机。

1876 年 2 月 14 日，贝尔和格雷在同一天向美国专利局递交了电话的专利申请书，但是因为贝尔递交的时间比格雷早了几个小时，于是电话的专利权属于了贝尔，而格雷最终失去了这个伟大的荣耀。更令人惋惜的是，其实格雷是最有机会获得这项专利的，不过他在研究成功后并没有立即申请，而是在家待了一段时间才去申请，结果错失了这份殊荣。

因为拖延，现在提起电话的发明者，人们只记得贝尔，却很少有人知道格雷。因为拖延，很多历史被改写，很多天才因为拖延变成了平庸的人。拖延让人们的执行力变得低效，让人们变得越来越懒散，越来越没有上进心。

有很多公司，在会议上大家会提出很多奇思妙想，会有很多出色且富有创意的规划，有很多利于公司发展的制度，不过会议结束之后就不了了之，因为没有人去执行。好的想法再多，不执行又有什么用呢？在企业中，拖延往往是阻碍计划实施的最大隐患，是执行力的毒药。

通常计划是有时效性的，只有在特定时间内，计划实施后才能取得相应的效果。一件事情拖久后，大家都会失去最初的热情，最后取得的效果也大打折扣。此外，拖延还会让人犹豫不决，最后导致计划流产。哈佛大学曾发现，超过 80% 的优秀计划和点子因为没能及时实施，最终胎死腹中。

一家企业，如果员工做事拖拖拉拉，对于领导安排的工作也不好好执行，那么这家企业的效率肯定低下，低效率会相应地增加企业的成本和风险，降低企业的竞争力。

华为一直努力避免这样的情况出现。在华为，只要目标确定下来，所有人都不能拖延，要马上去执行。任正非说，在当今竞争激烈的时代，不再是大鱼吃小鱼，而是快鱼吃慢鱼了，谁能更快地制订科学的规划，谁能更快地将规划顺利地执行下去，谁就能掌握先机，获得竞争的主动权和话语权。

华为一直崇尚西点军校的做法。在西点军校，只要教官规定了任务和动作，学员必须第一时间执行下去，不能有一点拖延。所以在华为，只要上级下达任务，下级都会在第一时间付诸实践，从不拖延。华为这种雷厉风行的作风，经常把竞争对手打的措手不及。

华为超强的执行力不仅表现在对外上，公司内部事情的处理，华为也坚持这样的原则，并且任正非本人也坚持这一理念。

有一次，华为几个年轻的财务人员在电梯里聊天，他们埋怨公司为什么不在研发基地设立一套账务系统，这样他们就不必再为结账报销的事情，在基地和总部两头跑而浪费大量的时间了。当时任正非就在电梯里，不过那几个年轻人没有注意到。几天过后，研发基地就新建了一套账务系统。

在华为，只要认定是对的事情，就要立即去做。这里没有拖延，没有借口，一切用结果去说话。我们怎么才能像华为人那样，做事不再拖延而是马上执行呢？找到原因才能对症下药，具体而言，做事拖延有六种情况。

第一，当觉得一项任务不重要时，就会拖拖拉拉地去做。

解决办法：如果这项任务真的不重要，那么就立刻取消它，不要一边拖延一边后悔，让自己处在焦虑的边缘。每个人的时间是有限的，只有合理分配时间，把乱糟糟的东西从日程表中清除，才能更加集中精力去做重要的事情。

第二，有的任务，自己做也能完成，但是自己不喜欢做，于是就一直拖着。

解决办法：这时何不把任务委托给一个比自己更适合做、更乐意做的人呢？这样双方就都成了赢家。

第三，因为看不到完成这项任务有什么好处，所以才犹豫不决、拖拖拉拉。

解决办法：从目标与理想的角度来分析这个任务，挖掘出拖延这项任务的潜在害处，这样就会拿出干劲去完成这个任务了。

第四，一些完美主义者，做事情要尽善尽美，所以不愿匆忙开始。

解决办法：允许不完美的存在。每个人不可能不犯任何错误，因此不必要求自己达到完美。

第五，有人容易颓废，这个任务太难了，明天再做吧，明日复明日，一拖再拖。

解决办法：把任务分成若干容易完成的小块，化整为零，降低任务难度，每天尽可能多地完成任务。

第六，一些人的拖延已经成了一种习惯。

解决办法：对于这种人，只能重新训练自己，用好习惯来取代拖延的坏习惯。每次在执行任务之前，给自己定一个最后期限，然后努力地遵守，渐渐地，工作模式才会发生变化。

有人说，一个人的想法是0，执行力是1，如果没有1，那么0将永远是0，只有有了执行力1，才有可能从1到10，再到100。

很多时候，未来是平庸或者卓越，从一个人的行动中就能看出。不行动，梦想只是水中花、镜中月；不执行，目标只是空中阁楼。只有对目标坚决地执行下去，才会有所收获。

学会时间管理，打造高效执行力

> 没有执行力，一切都是空谈！
>
> ——任正非

企业的成功离不开员工的执行力。员工的执行力，就是指贯彻公司战略意图，严格按照公司的要求，完成预定目标的操作能力。执行力是把企业的战略、规划等转化成为效益、成果的关键。执行力包含了完成任务的意愿、能力和程度。就个人而言，执行力就是把想做的事做成功的能力。

为什么很多公司都有伟大的战略，但是只有少数公司才能成功？其实大多数企业就是失败在缺乏执行上，缺乏把领导的思想转化为行动上，尤其是基层的执行力上。想要打造基层员工高效的执行力，就要做好时间管理。在这一方面，华为做得非常好。

华为在时间管理的培训课上会举个生动的例子：如果银行每天早晨向你的账户打入8.64万元。这一天你可以随心所欲，想怎么用都可以，只要在这个限度内，你想用多少都行。不过，剩余的钱不会累计到第二天，也不能留下归自己所有，那么你将怎么用这笔钱才能让它产生最大的效益呢？

其实，我们每个人的时间就像银行拨款一样。每个人每天的时间都是一样的，24小时，算成秒就是8.64万秒。这样一笔财富，我们将怎样才能让它获得最大的收益呢？既然大家的时间都是一样的，想要获得更多的成果，只能提高我们的效率。

华为的时间管理培训课，首先不是告诉员工方法，而是让员工清楚认识到“时间管理”中的两大误区。

误区一是工作缺乏计划。

因为工作缺乏计划，就不会去考虑工作的可行性，导致并行的工作以串行的形式进行；因为工作缺乏计划，就不会去考虑工作的后续性，结果工作到一半时，发现工作根本无法继续；因为工作缺乏计划，就不会选择最适合的工作方法，结果长期使用低消耗、高耗时的工作方法。这些都将导致时间的大量浪费。

误区二是不会说“不”。

一些新人为了表现自己，往往对他人的请求不假思索地接受下来。因为不会拒绝，不懂量力而行，接受了不能胜任的工作，不仅浪费了自己的时间，延误自己的工作，还延误了委托人的工作进度，这是非常不明智的。

针对时间管理的两大误区，华为人在时间管理上有四大法宝。

法宝一：以 SMART 为导向的目标原则。

当然，华为人的目标原则不是单纯地有工作目标，而是这个目标必须达到 SMART 标准。我们来看看 SMART 标准主要包括什么内容。

SMART 中的“S”指具体性（Specific)。这里指你定的目标必须是清晰的，是可产生行为导向的。比如，“我要成为一个优秀的‘华为人’”，这个目标就不符合 SMART 标准，因为太笼统，在华为这样的目标是不允许出现的。你可以定下“我要获得今年的华为最佳员工奖”这个目标，这是清晰的、具体的。

SMART 中的“M”指可衡量性（Measurable)。在华为你的目标必须可以用指标量化来表达，就像上例中“我要获得今年的最佳员工奖”这个目标，它有许多明确的量化的指标，如出勤率、业务量等。

SMART 中的“A”指可行性（Attainable)。华为的可行性有两个含义：

一是目标应该在能力范围内；二是目标应该有一定的难度。

SMART 中的"R"指相关性（Relevant）。目标要与现实生活相关，是经过努力可以实现的，而不是简单的"白日梦"。

SMART 中的"T"指及时性（Time-based）。在制定目标时必须确定完成的日期。华为员工做得更加超前，华为人不但要确定目标完成的时间，还会把目标分解成多个阶段，每个阶段都设定完成时间，这样方便工作进度的监控。

法宝二：关注第二象限的华为四象限原则。

根据事件的重要性和紧迫性，将所有的事件分成四类，对应着四个象限。第一象限是重要并且紧急的事；第二象限是重要但不紧急的事，像长期规划、问题的发掘和预防、定期参加培训、向上级提出处理问题的建议等；第三象限是紧急但不重要的事情；第四象限是不紧急也不重要的事。

根据时间管理方式，第三象限最好采取收缩方式，第四象限最好采取舍弃方式，但是对于第一象限与第二象限，很多人常常更加关注第一象限的事件，尤其是一些新员工。这样将导致人们长期处于高压力的工作状态，常常疲于收拾残局和处理危机。如果长时间保持这个状态，既不利于个人也不利于工作。

其实第一象限与第二象限的事是互通的，如果多投入一些时间在第二象限，可以提高自己的实践能力，扩大第二象限的范围，进而减少第一象限的事情。第一象限的事情减少后，时间会更加充足，这样就会良性循环，让自己快速成长起来。

法宝三：赶跑时间第一大盗的华为韵律原则。

研究数据表明："人们一般每 8 分钟会受到 1 次打扰，每小时大约 7 次，或者说每天 50 ～ 60 次。平均每次打扰大约是 5 分钟，每天大约 4 小时，也就是约 50% 的工作时间（按每日工作 8 小时计），这其中 80%（约 3 小时）的打扰是没有意义或者极少有价值的。同时人被打扰后重拾起原来的思路平均需要 3 分钟，每天大约 2.5 小时。这样算下来每天因打扰而产生的时间损失约为 5.5 小时，占了工作时间的 68.75%。”

看来“打扰是第一时间大盗”，如果不能很好地解决这个问题，就无法有高效的执行力。为了解决这个问题，华为提出了韵律原则，它主要包括两个方面。

一是保持自己的韵律。要学会礼貌地挂断那些无意义的打扰电话，多用干扰性不强的沟通方式（如电子邮件），沟通要适当，减少不必要的打扰。

二是要与别人的韵律相协调，具体的方法是：不唐突地拜访对方，拜访前要了解对方的行为习惯等。

法宝四：执着于流程优化的华为精简原则。

华为要求员工“能省就省”，并且制定“分析工作流程的网络图”，每一次简化一个多余的环节，这意味着可以节省大量时间。

在华为，时间管理不再是一个目标，而是一种成为习惯的工具。正是把这些变成了习惯，华为员工才有如此高效的执行力。华为副董事长徐直军曾经说过：“一个给自己高度评价的人会高效地使用自己的时间，因为他知道自己时间的价值！”

优秀与否关键看是“做完”还是“做好”

> 做工作是一种热爱，是一种献身的驱动，是一种机遇和挑战，多么难得，应该珍惜它。
>
> ——任正非

我们经常说“没有功劳也有苦劳”，对于一些老员工，公司都会给予一些优待，比如根据工作年限加薪，将一些老员工提拔到管理岗位，对老员工的错误“睁一只眼，闭一只眼”，只要不是很严重就算了。

正是因为这样，常常会有老员工抱怨道：“这么多年了，我一直兢兢业业，领导安排的工作也都做完了，并且从来没有犯过大的错误，为什么比我晚来的人都升上去了，而我还是一个基层人员？”

这样的抱怨乍一听感觉有些道理，但是仔细分析一下就觉得有问题。根据领导的安排把工作“做完”了，但是把工作“做好”了吗？“做完”和“做好”是两个不同的概念。“做完”工作是员工对上级负责，而“做好”工作则是对工作、对公司以及对自己负责。做好工作是种职业素养，也是一流执行力的体现，兼顾了工作中的时间、效率、质量与价值。这就是很多看似兢兢业业的人没有受到重用的原因，因为他们只是关注了执行这个动作，没有关注执行之后的效果。

小王和小李同时受雇于一家店铺，开始他们两个拿着一样的薪水，但是一段时间后，小王升为小李的领导，工资待遇也提高了，而小李还是原地踏步。小李很生气，于是找老板理论。老板没有直接回答他的问题，而是交给他一项任务，让他到附近的农贸市场看看有卖土豆的没有。于是小李很快就回来了，告诉老板只有一个农民拉了一车土豆在卖。

老板接着又让小李问问土豆的价格，小李很郁闷，“为什么不开始就让问？害得我又多跑一趟？”问完价格后，老板又问小李大概有多少斤土豆，于是小李只得一边抱怨一边出去了。

老板把小王叫来了办公室，让小王去看看有没有卖土豆的。很快小王回来了，将土豆的数量、价格、质量等所有信息都做了汇报，还带回了一个土豆，并且跟老板建议道，现在土豆的质量不错还便宜，现在买进一个星期后便可全部卖出，并且全部买入价格还能再优惠，并且自己把那个农民也带了回来，就在门外。

小李没好意思再说什么，就偷偷溜出了老板的办公室。

这就是“做完”与“做好”的区别。如果你是老板，你喜欢什么样的员工呢？如果工作只是做完，就只是被动地服从。而那些把工作做好的员工，则是主动地、发自内心地去工作。他们会为老板着想，为企业利益着想，做事积极主动，考虑问题周到。企业是一个讲效益的地方，如果你的工作没有为公司产生效益，那么公司留下你的理由是什么呢？

在华为，有个末位淘汰制，不管是新员工还是老员工，只要不努力工作、不胜任工作都得裁掉。虽然这个制度很残酷，但是这是消除“沉淀层”。让公司始终保持活力的办法。一个有活力、积极进取的公司才能在激烈的竞争中取得成功。

华为的末位淘汰制，使员工产生一种无形的压力和巨大的动力，使每个人都时刻保持危机意识和战斗力。末位淘汰制将那些落后、懒惰、绩效差的人淘汰，这也是对优秀员工的一种激励。

华为于1996年提出末位淘汰这个概念，1999年开始真正实行末位淘汰制，华为的绩效考核分为A、B、C、D、E五个等级，分别对应优秀、良好、称职、基本称职和不称职，除了奖金跟等级挂钩，晋升也与等级挂钩，优秀的人可以晋升两级，普通员工可以晋升一级，那些不称职的人根本就没有晋升机会。

有当初跟着任正非一起创业的元老级员工，到现在还没有成为领导者。有人说任正非铁面无私，对这些老员工都不提拔一下，但是对任正非而言，工作绩效决定了一切。对于那些做得多、做得好的员工，公司一定会重用；而那些工作只讲做完、不讲做好的员工，注定很难获得晋升的机会。

很多人抱怨说："我们领导管理能力有问题，经常安排我做这做那，最可恶的是很多工作都是重复的，真是快被烦死了。"难道真的是领导的问题吗？你有没有想过，老板为什么会让你反复去做同一件事呢？是不是因为你没有做好，没有达到老板的要求？

在抱怨的时候，多反省一下自己，虽然自己每天都在忙，但是最后的效果如何呢？多关注一下结果，以结果为导向。

华为在创建初期，大家每天都很忙，天天加班，但是效果并不理想，员工的工作效率很低。后来分析发现，造成这个现象的原因就是虽然员工努力把工作做完了，但是并没有把工作做好，大多只是求数量而不追求质量，从而造成了资源的极大浪费。

虽然，"做完"和"做好"只有一字之差，但二者的本质却大相径庭。"做完"是执行了但并不到位，只是走过场或者纯粹为了应付；而"做好"不但执行了，而且做到位了，代表着对自我目标负责、对上级组织负责、对公司利益负责。

所以，工作要一步做到位，要"做好"而不仅仅是"做完"。

在老板发现问题之前就解决它

认真地做好每一件事，不管是大事，还是小事。目光远大，胸怀开阔，富有责任心，不计较个人的得失。

——任正非

有一些公司为了强化员工的纪律性和服从精神，达到好的执行力，常常压抑员工的主动性和创造性。要事事先等待上级的授权，只有上级下达了命令才动手做，要不就不行动。这就养成了员工按部就班的习惯，即使遇到紧急情况，也不知道变通，最后给公司造成很大的损失。

员工是工作的主体，工作在第一线，很多工作中存在的问题，员工比领导更清楚，也比上级能更早地发现问题。发现问题是解决问题的第一步，甚至发现问题等于解决了一半的问题。只有发现问题然后认真分析，才能更加迅速地解决问题，如果不能及时发现问题，就只能原地踏步。

有的企业过分强调服从和执行，给员工套上了种种枷锁，导致员工的自主性被遏制，员工不愿意指出问题，就等着领导自己发现，安排了才去解决。在这个充满变化的信息时代，员工如果成为不会思考、只会执行的机器是十分危险的。

在华为，员工在第一时间发现问题就可以主动予以解决，而不是等待老板发现问题然后下达命令。华为提倡对事负责制，只要有问题，员工就可以着手解决。

任正非认为，员工是公司最重要的组成部分，他们有责任和义务去发现公司存在的问题，也有责任和义务去解决这些问题，这种责任和义务不是被动地等待授权，而是积极和主动的。

好的员工，总是想上级之所想，帮助上级解决一些潜在的问题。任正非多次在华为的会议上强调员工的自主性，强调不用事事都向上级请示，对一些已经有明确规定和习惯的事情可以直接处理。

任正非的这个规定缩减了汇报和等待授权的时间，提高了工作效率，进而提升了公司的运作效率。并且让员工自己动手解决问题，能够提高员工的执行力。员工的执行力提高后，能够提前发现那些潜在的问题，并且还会自动解决，这样减少了公司的损失，增加了公司的竞争力。

华为一直提倡对事负责制，只要有问题，员工都可以动手解决，一般只要问题不太严重，员工都可以在老板发现之前解决掉。当然，对事负责不是没有任何监控的授权，而是依据一种流程的授权，并且还有有效的监督，是一种让员工具有处理问题权利的管理体系，它能充分调动员工的主观能动性，提高员工的责任感和执行力。

在华为，员工“发现问题、解决问题”是公司的常态，一些好的解决方案经过多方验证后，可以写进工作流程，全公司都采纳。

不过大多数企业一般是下面这样的场景：

主管布置任务时，下属对工作目标或方式有异议，跟领导反馈了，但结果是什么呢？意见你可以保留，但计划却不会改变。部门开会时，上级领导侃侃而谈，下级员工都保持沉默，最后，领导问：“大家有什么不同意见吗？必须要畅所欲言。”不过大家只是附和几句，表明自己已经完全领会领导的意图，会坚决贯彻执行。领导找员工沟通，问对未来发展有什么打算，员工一脸茫然：“没想过，听公司的吧。”跟同事说起对某个项目的担忧，同事却信心满满地说："有领导呢，你担心啥，这些事情领导会看着办的，没有领导解决不了的问题。"

当然，因为领导的能力、资历、岗位信息等原因，大多数情况下，领导会比下属对问题看得更深远、更透彻，但是领导也不是万能的，领导的精力和时间也是有限的。如果事事都依赖领导，什么问题都等领导去解决，相信没有几个领导能受得了。如果整个公司的运作，仅仅依靠领导的脑袋去思考和决策，而普通员工没有自主应变的意识和能力，那么遇到变化和挑战时，"末端肢体"不能灵活地做出准确的配合，这个公司就危险了。

发现问题固然重要，但是能够在老板发现之前就把问题解决掉更加重要。任正非曾说："我发现很多主管在讨论存在的问题时，洋洋洒洒，可以说出具体的问题来，但是却从不知道该怎么去解决。无论是规则还是流程，或是现在政策执行上存在的问题，他们都没有任何解决的办法。作为主管，如果把授权范围内的问题全部解决掉，那很多问题其实就不存在了。"

对于你解决不了的，若你想要主动推动解决，那怎么处理呢？

首先深入基层，了解公司的现状，找到造成现状的原因。每一个公司都有一套运行体系，在适应并了解之后，才能知其然并知其所以然，才会清楚这样做的目的。然后以公司现有的资源和技术，看看有没有更好的办法，既能达到同样的目的，又能节约成本和提升速度。

虽然公司需要忠诚的执行者，但绝对不是那种只会被动执行任务的"机器人"式的员工。经营企业一直强调以人为本，员工首先是人，然后才是工作者，一个人就应该有主观能动性。

一个优秀的员工想的是"我会为公司解决什么问题"，而不是"公司要我解决什么问题"。在日常工作中，要多观察、多思考，主动发现问题，并主动帮老板解决工作上的问题，做老板得力的好帮手。

华为的“匠人精神”

很多人认为工匠是一种机械重复的工作者，但其实，“工匠”意味深远，代表着一个时代的气质，与坚定、踏实、精益求精相关。

——任正非

关于华为的“匠人精神”，任正非这样说：“华为没那么伟大，华为的成功也没什么秘密！华为就是最典型的阿甘，阿甘精神就是目标坚定、专注执着、默默奉献、埋头苦干！华为就是阿甘，认准方向，朝着目标，傻干、傻付出、傻投入。”“傻傻”地坚持，不断追求极致，这就是华为人的“匠人精神”。

任正非说，全球寿命超过200年的企业，日本有3 146家，是全球最多的；德国有837家；荷兰有222家；法国有196家。

“匠人精神”是一种精益求精、追求极致的敬业精神和职业精神。在任正非看来，“工匠精神”是一种修行，更是一种品质，一种价值坚守；工匠精神依靠的是信仰和内心的信念，这个过程有痛苦也有享受。

在日本神户有一个修复旧书的小工匠——冈野信雄，他30多年来只专注于一件事情，那就是做旧书修复。在别人看来，这是一件非常枯燥的事情，但是冈野信雄却做得兴致盎然。几十年的坚持终于做到了让人惊叹的地步：污损严重、破烂不堪的旧书，经过冈野信雄的手，都可以光复如新，简直就像被施了魔法，让人惊叹不已。

对于日本人这种用一生的时间钻研、做好一件事的“匠人精神”，任正非很推崇，他始终认为品质才是产品的品牌。为了学习日本的这种精神，任正非先后 9 次去日本考察调研。

在任正非看来，“工匠精神”的核心就是不仅仅把工作当作赚钱的工具，还要树立一种对工作执着、对所做的事情和生产的产品精益求精、精雕细琢的精神。

华为是世界五百强企业之一，曾经被美国国际信誉研究院评选为“十大中国消费者最尊敬企业”之一。华为凭借严密的质量管理体系和品质把控，荣获了“中国质量奖”。华为是怎样做到这一切的呢？

其实，华为从创立之初，就一直坚持着以质量立命、以品质代言的企业宗旨，一直崇尚“工匠精神”。我们可以从华为的手机上一窥究竟。

华为手机坚持走精品路线，始终把产品的质量放在首位，对产品的每个模具、每款设计、每个零件、每道工序、每个细节都精心打磨、仔细雕琢。华为人眼里只有对质量的精益求精、对制造的一丝不苟、对完美的孜孜追求，除此之外，没有其他。

为了让华为的手机配上“莱卡”镜头，华为经过一年的沟通，最终打动了莱卡公司，双方联合开发了第一代莱卡双镜头，成功应用于华为 P9 系列的产品上。

这款莱卡镜头涉及 800 多个元器件和 1 000 多种一级原料，涉及数百个供应商。华为公司为了保证产品的品质，一直在同整个产业链合作，不断提升供应链中各个环节的产品质量。为了做到精益求精，他们在每一个环节上都下功夫，并建立质量管理系统。

正是因为华为的执着和严格把关，才让华为的手机最终获得了市场和消费者的认可。华为手机销量已经位列世界前三。

进入通信行业后，为了在竞争中取胜，华为选择了聚焦，集中所有资源朝着一个方向前进。如果用战术来形容，就是选择集中优势兵力“打市场”，先撕开一个口子，然后两翼的部队再蜂拥而上，不断蚕食市场。

华为发展起来后，有人曾经建议任正非进入信息服务行业，因为这个行业的市场和利润很大。但是任正非觉得，在自己主营业务尚不精的情况下，盲目进入其他行业风险太大，还不如专心做好主营业务，这样才能将自己的业务做大做强。为了让华为人能专注地工作，华为特意在《华为基本法》的第一条规定：“为了使华为成为世界一流的设备供应商，我们将永不进入信息服务业。”

在华为，不仅公司战略讲究“匠人精神”，员工也讲究“匠人精神”。在工作时，他们从来不贪多、贪杂，而是讲究“一次只做一件事”。无论领导有什么命令，无论自己有多忙，都要坚持一件事一件事地去做，每一件事情都要做好，做到精益求精才算结束。

“现代制造业更需要工匠精神，才能在长期竞争中获得成功。”任正非感叹，“时代在变，这个时代，企业只有把产品做到极致，才能赢得行业领先和消费者信赖。仅仅是‘过得去’的产品是远远不够的，中国制造要‘走出去’归根结底还是要靠过硬的品质。”

30 多年来，华为始终崇尚“工匠精神”，坚持“以客户为中心”的核心价值观，努力让客户得到最好的体验。这样可能开始走得比较艰难，比别人慢，但是事实证明这样的坚持才是最快、最稳的。

就像竹子，开始 4 天只长 3cm，但是 5 天后，每天都能长 30cm，6 周后就能长到 15m。经过 30 多年的坚持和发展，华为从当初一个年产值几百万、只有几十人的公司，成长到年产 6 000 多亿、拥有 18 万员工的公司，这就是厚积薄发的力量。

欲求“匠人精神”，首先要拥有“匠心”，这是华为不可动摇的信念。正如任正非所说：“世界再嘈杂，匠人的内心，绝对是安静、安定的。”华为人的这种耐得住寂寞的“匠人精神”，正是我们所需要学习的。

执行时不做“差不多”先生

我们不是靠人来领导这个公司，我们用规则的确定性来对付结果的不确定。

——任正非

在日常工作生活中，常常听见有人说：“差不多就行了，你那么较真干什么？”“你累不累啊？这么较真，老板又不给你额外的奖励！”“差不多”先生就指那些缺乏准则和固定的标准，做事马马虎虎，只要差不多就行的人。

很多企业都存在着这种“差不多”先生。“差不多”先生在工作时，常常不会严格执行各项工作程序，也缺乏明确的流程和目标，凡事都以“差不多”作为行为标准。上级安排他做的事，他不认真完成，觉得只要差不多就行了，即使他可以做得更好，也不愿意再花时间和精力去做；工作中明明有更好的方法，但他觉得现有的方法也还“差不多”，没有必要去改进，于是还是用这个“差不多”的方法。对这类“差不多”先生来说，好一点和坏一点都是差不多的，多一点和少一点，也都无所谓，没有必要追求完美。很多人觉得“差不多”和正常的标准相差不远，但实际上并非如此。因为“差不多”往往缺乏明确的目标、规范和标准，很容易造成工作中的误差，往往为企业埋下很多隐患。

可以说，“差不多”想法是企业发展和生产的毒瘤，如果企业中一个人觉得“差不多”，那么这个错误就会不断扩大。当一项命令下达后，如果第一个接受命令的人觉得差不多就行了，这样会导致10%的错误。当这个人又往下传达命令后，第二个人也因为“差不多”的思想，出现了10%的偏差，那么就会导致“19%”的错误。随着任务的不断传达，误差就会越来越大，最后执行出来的结果，就与领导的要求相差很大。最让人担心的是，这些人根本意识不到这样做的危害。

所以，工作一定要规范化、标准化，并且尽量做到数据化，这样才能明确每个岗位的工作量、工作方式以及所达到的效果，而不是凭感觉“差不多”就行。

华为为了杜绝这种“差不多”文化，进行了管理体制的改革。1998年，华为制定了《华为基本法》，通过《华为基本法》将公司不同部门的管理原则统一固化下来，这些新的制度代替了以前的旧制度。

华为的改革，让华为走上了“四化”的管理模式，即职业化、规范化、表格化和模板化。任正非认为，职业化是提高工作效率的手段之一，也是企业发展最基本的要求。规范化就是指要严格按照规章制度和流程办事，这样可以构建一个相对规范稳定的管理体系，从而让企业运作得更加协调、高效。表格化是指运用表格和图表来统计信息。其实表格化也就是数据化办公，因为大多数需要填入表格的信息是以数据的形式表现的，比如绩效考核、制定工作目标等。数据化已经成为现代企业发展的趋势，能为企业提供最直接的参考信息，能为企业提供理性化的决策。模板化就是指为经常需要用到的工作制定一个模板。这样方便以后做类似的工作。华为的项目管理中就有项目策划书模板、项目总结会议模板、项目总结表模板、计划进度表模板等。这些模板提升了员工的工作效率。

华为通过“四化”的管理模式，让员工的工作都严格地按照规定的流程和标准，从而提升了华为的管理水平。这样的结果就是，当员工接受任务时，能够准确了解任务的内容和计划，能够明确上级的具体要求，从而知道自己到底该如何做、做什么、做到何种程度等。

华为通过这种规范化的流程，让每个员工都能明确自己的工作进度，了解自己是否正确把握了方法和方向，然后在工作计划上用数字表明自己是否已经顺利完成任务。

当华为在接受新的管理方式、学习IBM（国际商业机器公司）的流程管理时，有人认为“华为脚”不适合穿“美国鞋”。但是任正非坚信流程的力量，于是力排众议，坚持执行。最后当IBM的员工看到华为执行的IPD（集成产品开发）时，感叹道：“华为的IPD比我们执行得还要彻底！”因为华为人做事不会“差不多”就行，他们要么不做，要做就严格执行。就是这种每次都要达到100分而不是90分的坚持，华为才能取得今天的成就。

在华为手机P8上市时，测试人员发现华为的超窄边框采用的点胶工艺，可能会在手机使用几年后出现问题。按理说这个问题不会对消费者产生太大的影响，但是华为却不惜牺牲利润，坚持把这批产品报废。仅这一项，华为就损失了四个多亿，如果算上其他的经济损失，会更多。

曾经华为投入了数百万元，不断测试一个概率仅为三千分之一的手机摄像头的问题，直到找出问题并解决为止；为了解决一款手机生产中的一个非常小的缺陷，华为曾经关停了生产线，重新整改，即使影响了数十万台手机的原定发货时间也要坚持。

正是华为绝不允许自己的产品质量“差不多”，才能在通信设备市场持续保持领先地位，华为手机才能在全球智能手机市场稳居前三，华为的产品才能远销170多个国家和地区。

华为公司打造的严格的管理流程和管理模式，杜绝了“差不多”现象，确保工作能符合规定，能用数字直观地去衡量。正因为如此，华为员工的执行力也就变得更加高效，从而保证整个公司高效运转。

第三章

华为科学管理法：掌握科学方法，让工作事半功倍

一切先从简单的开始

新员工在工作中有干劲，总想着做大事，这可以理解，不过任何事情还是从简单、容易的开始为好。

——任正非

你是不是每天都写下了工作清单，但是下班时却发现连第一条都没做完？你是不是常常加班到深夜，但是手头的工作却有增无减？你是不是放弃了周末的休息时间，但依然无法完成领导交代的任务？你是不是觉得累得要死，但是却没有做好任何一件工作？其实让人累的不是工作，而是低效的工作方法。想要把工作做得又快又好，必须掌握高效的工作方法。

华为人工作的高效率不是因为他们拥有高学历，不是因为他们的工作能力更突出，而是因为他们拥有一套更为合理、科学的工作方法。这些方法就是华为人的捷径，让他们在同样的时间处理更多的事情。

任正非认为，华为的工作就是坚持"从小目标到大目标，从小任务到大任务，从生存到发展"的理念。华为的员工都坚持这样的工作理念，不管是人生计划还是工作安排，都采取这样的策略，只有这样才更容易达到目标。

一切先从简单开始，先去做那些容易做到的事情，这不是逃避，而是一种高效的工作方法。老子在《道德经》中说："图难于其易，为大于其细。天下难事必作于易，天下大事必作于细。"工作就是为了解决问题，不管先从哪里开始，只要是问题都要逐一解决。不过先易后难，更加符合事物发展的规律，也符合工作的进度。

一般随着工作的不断深入，难度会越来越大。由易向难这样循序渐进，还能有效地支配和利用各种资源，能够保证资源的合理分配。有人可能觉得自己工作能力强，要先把最难的啃下来，然后再去做简单的，虽然这也是一种工作方法，但是相对来说，效率可能不高。

因为先从简单的工作开始，还能兼顾工作中的稳定性和发展性这两个基本要求。华为在创业初期，首要目的是生存下去，只有能生存下去才能谈以后的发展，如果连生存都成问题还怎么谈发展呢？所以华为在发展初期采取了“农村包围城市”的策略，主动放弃了竞争激烈的城市市场，转做竞争不那么激烈的农村市场。在农村市场取得成功后，才转战城市市场。华为进入国外市场时，采取的依旧是这种方法，先易后难，先从一些容易的地区入手，连战连捷也让华为人的信心大增。

一切先从简单的开始，依次提高工作的难度，直至最后完成最难的部分。这种工作方法让大家的心理承受力从低压到高压，渐渐适应。简单的工作容易完成，每当完成一件事情后，就会产生自信，可以鼓舞士气。如果我们先从最难的开始，一般很难完成目标，时间久了斗志就没有了，渐渐的工作热情也降低了很多，最后很可能就完成不了。

俗话说“千里之行，始于足下”。虽然目标很伟大，但也要一步步去实现。美国的一位将军说：“如果你想改变世界，就先从叠被子开始。”中国古人说：“一屋不扫，何以扫天下。”这都告诫我们，罗马不是一天建成的，任何事情都需要一步步去完成。

华为在培训新员工时，首先要求员工从难度比较小的工作开始，然后再逐渐深入，逐渐增加工作难度。很多有经验的华为老员工，在工作之前，都会对工作进行一个大致的了解和分析，然后寻找一个简单的切入点，再制订一份相对完善的工作计划。他们会先解决那些相对容易完成的工作，然后再想办法解决那些比较难的工作，最后再做那些最难的工作。这样的工作原则让华为人拥有很高的工作效率。

在工作中，怎样才能像华为人那样先易后难、提高自己的工作效率呢？可以先制定一个小目标，然后完成它，来构建自己的信心平台。因为人们已经习惯了原有的操作模式，想要改变原来的习惯，跳出以往的舒适区，容易产生畏难情绪，所以在开始改变时，要先制定一个容易达到的小目标，来鼓舞自己的士气。

小李原来的工作是负责公司网页的SEO（搜索引擎优化），虽然工作专业性强，但比较清闲，后来领导让他协助文案负责微信公众号的基础营运。一听到这个工作小李就很抗拒，他说自己没有做过，不懂PS，也不会写文章。

领导没说什么，只是让他先去了解微信公众号营运的一些基本知识，然后领导给小李分析了营运微信公众号所需的基本要素，最后培训了他一些基本的营运技巧，教了他简单的PS技术，以及写作套路的基本原理。一步步开始后，小李觉得也不是那么难，就坚持了下来。两个月后，小李已经完全胜任这份新的工作。小李开心地说："看起来挺难的事，没想到一步步做下来也很简单，我居然也会做微信公众号了。"

先易后难，先从简单的做起，先从自己能做到的事情做起，就会发现原来自己觉得很难甚至不可能做到的事情也能做好了。先易后难的策略就是：首先，搜集信息，了解概念，弥补知识的不足；其次，解构要素，围绕目标，找出事物内在关联作用和构成要素；再次，分析原理，找出推动事物发展的规律、法则、定律；然后，抓住关键，找出影响事物发展的关键驱动要素；最后，制订计划，分解任务，价值排序，落实执行。

重要的事情要先做

一个领袖干什么？一个领袖其实就是要抓住主要矛盾、抓住矛盾的主要方面。

——任正非

常常听到有人说："都快下班了，这个重要的事情还没做完，看来又要加班了！"还有人抱怨道："我为什么没有先去做这件重要的事情呢？"如果你也有这样的时候，那么检查一下自己平时的工作方式。

你是不是先做喜欢做的事情，然后再做不喜欢做的事情？你是不是先做熟悉的事，然后再做不熟悉的事？你是不是先做耗费时间少的事，再做耗费时间多的事？你是不是先做已经计划过的事，再做没有计划过的事？你是不是先做别人的事，再做自己的事？你是不是先做有趣的事，再做枯燥的事？

虽然上面的工作方式各有利弊，但是从有效时间管理的要求来说，都不是科学的。工作的目的是实现目标，既然以目标为导向，那么在处理待办事项时，应该优先处理那些有助于实现目标的重要事情。

怎么判断一件事情的重要程度呢？那就看这件事对实现目标的贡献程度。对目标的贡献越大，则越重要，也就是最先应处理的工作。《大学》中说："物有本末，事有终始，知所先后，则近道矣。"如果想把工作高效地处理好，就要先从最重要的事情开始，按照不同事物的重要程度进行层级处理。

众所周知，华为的工作任务非常繁重，华为员工高收入的背后是高强度的工作。这样的高强度让很多新入职的员工不适应。为了让新员工尽快适应这种高强度的工作，华为有岗前培训，有怎样高效工作的培训。在培训课上，培训人员告诉新员工要先做重要的事情，而不是紧急的事情。

华为员工都“重视重要的工作”，都会“先做好重要的工作”，只有这样才能更合理地分配和安排任务。为此，华为有以下几个方法：首先，衡量一下自己工作的价值。员工在选择工作事项的时候，先想清楚这件事是不是对自己最重要，对自己的影响是不是最大，抑或自己对这件事的需求和期待是不是最大，这件事创造的价值和带来的影响是不是最大。

对于衡量工作的价值，华为员工主要侧重的是对工作成果数量的预测，以及对个人成就感的评估。例如，销售部门的员工会利用计算销售额进行预测，而生产部门的员工则是通过预测生产产品的数量来进行评估，预测的成果数量越多，那就说明这项工作的价值越大，因此也就越重要。不过这里要特别注明，华为员工的所有评估结果都是具体的、可数字化的，不是空泛的。我们在学习这个方法时，要注意制定的考核标准一定要具体。

其次，确定重要的工作后，要投入大量的时间去专注于重要的工作。华为员工对于重要的工作，不仅仅只是先去做，而且是集中大量的资源专注地做。大量的资源包括时间、精力、公司的各种支持等都向最重要的事情倾斜。华为员工在培训时，就被告知了20/80法则，20%最重要的事情，具备的价值占比80%，所以应该花费80%的时间和资源去做好那些占比20%的重要工作。剩下20%的时间和资源分配给其他的工作。那些次要的、琐碎的工作，即便你投入了80%的时间和精力，带来的价值和成效最多也只有20%。如果不好好利用20/80法则，永远就是那个每天疲于奔命却业绩平平的人。

2006年时，华为公司在刚果一个重要的客户突然改变了工程计划，要求华为必须将原本需要30天才能完成的工期压缩到4天完成。如此短的时间完成这样大的工作量，这简直是不可能的。但是如果不能按照对方的要求完成的话，华为很可能就会失去刚果的所有市场，还会影响对非洲市场的拓展计划。项目负责人经过分析和研究后，发现完成刚果客户的要求是当前最重要的事，于是立即决定，当地所有的工程师和技术人员都放下手中的工作，全部投入这个客户核心网设备的建设中。最后经过合理的安排和努力后，华为公司最终提前6个小时顺利完成了任务，给华为赢得了更多的海外市场。

对于一件工作该怎样处理，华为人给我们的启示就是：首先做好最重要的事情。“要事第一”，最重要的事情往往关乎全局。但是在工作中，人们常常会被一些紧急但不重要的事情绊住手脚，导致把一些重要的事情拖得遥遥无期，最后常常陷入危机和紧急状态，把原本重要但不紧急的事情变成了既重要又紧急的事情，为了在最后期限完成它，只得草率应付。最后的考核结果可想而知，每天都忙忙碌碌，却没有得到领导的表扬。

把处理问题的方式由“缓急程度”变为“重要程度”，可能刚开始很难，但是坚持一段时间后，会觉得越来越简单，工作效率也越来越高，能力也越来越强。

把琐碎的事情集中起来处理

有些事情不是不能做，而是要懂得怎么做、以什么方式去做。

——任正非

人们常常会觉得时间不够用，有时一天下来虽然没闲着，但还是一事无成。为什么会有这样的感觉？因为太多琐碎的事情浪费了人们太多的时间，造成了“时间不够用”的假象，影响了我们的工作效率。

琐碎的事情主要来自两个方面：一个是细小的；一个是随机的，也就是不固定的、突发的。每个人的时间和精力都是有限的，如果在琐碎的事情上花费了太多时间，那么能用于主要事情上的时间和精力就会减少。

有人统计过一个活了 72 岁的美国人一生的时间花费，发现他用于睡觉的时间是 21 年，用于工作的时间是 15 年，用于个人卫生的时间是 7 年，用于吃饭的时间是 6 年，用于旅行的时间是 6 年，用于排队的时间是 5 年，用于学习的时间是 4 年，用于开会的时间是 3 年，用于打电话的时间是 2 年，用于找东西的时间是 1 年，用于其他的时间是 3 年。从中我们可以看出，一个人一生中工作的时间仅为五分之一，而这其中还包括要处理很多琐碎事情的时间。

有人发现，如果解决每一件琐碎事情所需要的时间，全部加起来要 1 个小时的话，那么要实现原定的工作目标至少会延迟 2 个小时，这将导致工作效率大幅降低。如果用很少的时间来集中处理那些琐碎的事情，那么，用于重要事情上的时间就会多很多。该怎样处理那些琐碎的事情，让工作效率提高呢？我们来看看华为人是怎样做的。

在华为，管理者通常会要求员工保持工作的连续性，告诫员工不要轻易被一些小事打扰或者中断，要连续地完成重要的工作。工作中那些琐事则往后推，等积累到一定程度后，再专门找出一点时间集中处理。

华为员工发现，将这些琐碎的事情集中起来处理，不仅不会影响主要工作的进程，还会降低时间的消耗，提升工作效率。华为员工发现，最好能将解决琐碎事情的时间控制在 45 分钟甚至是半个小时以内，这样更加有效。

通常情况下，华为人会利用下班之前的 10 分钟，来解决所有的琐碎事情，华为人非常善于利用好下班前的 10 分钟。通常情况下，在下班前 10 分钟，华为人已经做完了一天的主要工作，那么剩下的时间就用来处理一些琐碎的事情，比如拨打一些无关紧要的电话、收拾好桌子、打扫办公室，删除一些不必要的文件、处理一些不重要的小纠纷等。

为了每天都能把所有琐碎的事情处理完毕，以免遗漏或者忘记影响第二天的工作，华为员工养成了一个非常好的习惯，就是随时记笔记。及时记录是工作中的重要习惯，也是一种非常好的工作方法。随时记笔记，可以确保相关事项的客观性和准确性，也可以保证工作中不出现遗漏。

俗话说“好记性不如烂笔头”，在日常工作中，华为员工会将所有事情进行记录并整理，把重要的事情排在前面、琐碎的事排在后面，即使是工作中突然遇到的小事也要及时记录在本子上。等到小本子上所有重要的工作完成之后，就只剩下一些琐碎小事了，这样处理起来就轻松多了。

工作中对于一些琐碎的小事，不要耗费太多的精力，如果能够马上处理的，必须当机立断马上处理，比如收发快递、取饭、拨打与工作无关的电话等。对于无法避免的办公室打扰，像接听电话、接待来访、收发邮件等，尽量将被打扰的时间缩短，将负面影响降至最低。如果是来自上司的命令，尤其是当你全心全意地处理一件紧急而重要的事情时，可以在上司召见的时候，手上带着一件待完成的工作，这样在等待上司的时候可以随时处理，让上司知道你的工作很忙。

对于一些特定时间需要做的事情，随时记录在笔记本上，比如明天上午订票、后天交电费等，记录后就从大脑里忘记，不要再让这些琐碎的事情打扰自己。比如有一天突然想起一个好朋友的生日快到了，那就记下来，然后利用碎片时间买好礼物。

对于别人求助的事情，如果不想做或不能办，就第一时间如实告诉别人，不过拒绝时要真诚。比如你正在抓紧时间赶进度，你的朋友打来电话聊天，你就礼貌地跟朋友说明情况，告诉他等你不忙的时候再回电话。

需要集中精力做的工作，要提前做好准备，包括一些需要用到的小工具，不要等做的时候再去找，这样既浪费时间，也会打扰工作思路。对于生活中的一些用品，写下计划清单，定期采购，保质期长的可多备一些，这样可以节约不少时间。

此外，还可以充分利用好一些碎片时间，比如每日三餐、午休、上厕所、上下班途中、排队的时间等。这些碎片时间不适合做耗时耗力的事情，但是用来处理一些短平快的琐事最好。

可以以一个礼拜为界，每天详细记录每件事情的时间分配，比如找资料、整理文件、接听电话、吃饭、运动、浏览新闻、看小说等，一条条记录清楚，制作自己的时间使用清单，列出每星期的主要活动，并按照公务活动、个人活动、家庭活动、休闲活动及其他活动来分类。一个星期后统计出每次活动出现的次数及累计时间，然后就能知道自己的时间主要花在哪里。有了这个计划与分类，能帮助自己提高工作效率。

遵循流程很重要

> 只有管理职业化、流程化，才能真正提高一个大公司的运转效率，降低管理内耗。
>
> ——任正非

高效的工作，源自规范的制度和流程。流程是制度的实施过程，是对制度的具体量化及实施步骤，是实现制度目标的措施和保证。一个员工如果想要高效地完成工作，就必须遵循企业的流程。

流程让企业中的各个部门能明确自己的责任和目标，能让员工主动、有计划地去完成自己的任务；流程还让公司的各个部门完美、协作地完成工作。可以说，流程是贯彻落实制度的措施、实现企业战略目标的重要手段。

但是有很多企业却存在着没有流程或者不严格按照流程去执行的情况，导致各部门各自为政，部门分化严重，进而造成了信息流的不准确或者断层，让各部门很难衔接起来，让企业整体出现问题，最明显的就是效率降低、业绩倒退。

如果企业出现各自为政的情况，那么在遇到问题时，各部门就会互相推诿：营销部门说业务部门的顾客签单率不好，业务部门说研发部门的产品没有做好，研发部门说生产部门的质量没有把控好，生产部门埋怨业务部门的能力不行。一旦出现这样的问题，将会严重影响公司的效率，阻碍公司的发展。

1998年，华为公司在发展壮大起来后，花费了4亿美元从IBM公司引入了一套科学的流程管理体系，从此华为以部门为管理结构的模型，开始转向以业务流程和生产线为核心的管理模式。

华为开始努力推进流程管理，要求每一个员工都严格按照流程进行工作。比如，所有工作都必须制定详细的工作流程，并且工作流程中的每个步骤都要明确、具体：每个步骤到底由谁做，用什么样的工具和方法来做，主要做的是什么，做出来以后又输出给谁。不仅如此，华为还明确规定了每项工作的具体考核标准，然后定期展开严格的考核，考核的最终结果将直接与部门、人员的绩效挂钩。正因为如此，华为的每一个员工都明白自己在流程中的定位、具体的工作内容、工作的进度和完成期限。这样的结果就是，所有员工都能坚守自己的岗位，按照规定的步骤一步步完成工作，从而大大提高了工作效率。

华为每一个员工的手里都有一张工作流程图，每个人不仅了解自己什么时候应该做什么以及怎么做，还知道自己完成的情况会对他人的工作进度产生什么样的影响。工作前制定详细的流程，方便员工对自我进行定位，也能使员工对工作的整体性有更直观的了解，从而准确把握自己的工作。

当然，流程化的工作必须用制度来保障，如果缺乏制度的约束，缺乏合理的考核机制，那么员工的工作就会变得散漫无序，甚至可能刻意违背流程规定的步骤。所以在考虑流程化后，不要忘记像华为那样积极引入考核机制，这样才能让流程形成制度化、规范化、职业化的工作体系。

任正非多次强调要重视流程，他说企业的人会流动、会变，但是流程和规范会留在华为，所以必须有一套机制，无论谁在管理公司，这套机制不会因人而变。

华为当年在引入新的流程管理时，秉持着“先僵化，再固化，再优化”的观点。任正非解释道：“什么是先进的系统？主要是我们能使用得好，能切实解决我们的问题，这才是我们最需要的。我认为这才是最先进的。在当前两三年之内我们以理解和消化为主，两三年之后，要有适当的改进，这就是‘先僵化，再固化，再优化’。我们要像夯土一样，一层层地夯上去，一步步固化我们的成果。IPD（集成产品开发）关系到公司未来的生存与发展，各级组织、部门都要充分认识到它的重要性。就 IPD 来说，学得明白就上岗，学不明白就撤掉，我们就是这个原则，否则我们无法整改。”

正是因为华为对流程的重视与理解，让华为对流程把握得非常好。虽然在那次改革的四年间，华为上上下下几乎全“脱了一层皮”，但是华为最终初步实现了管理体系与国际的接轨，华为也由不出名的小公司开始走向国际市场。

很多员工在接受一项任务的时候，可能不知道从哪里入手、该怎么去工作，但是有了流程之后，员工们就能快速理清工作思路，找到工作方法，使工作顺利完成。

有了工作流程之后，员工们只要遵循具体的工作准则、工作要领，就能方便沟通，及时发现工作中的问题进而解决，提高工作效率。员工们遵循工作流程，方便管理者监控整体的工作进展，随时调整工作进度。有了工作流程，员工的工作成果一目了然，也方便领导的监督检查。

员工们遵循流程工作，可以清除工作过程中的不良因素，不走弯路，不耽误时间，实现效率的最大化，进而提升员工的工作能力。严格遵循流程工作，可以让员工的能力在企业中迅速地得到提升，为企业的发展做出贡献。

把工作变得简单一些

> 我们要简化不必要的东西，要减少在管理中不必要、不重要的环节，否则公司怎么能高效运转呢？
>
> ——任正非

每个人一天只有 1 440 分钟，在信息庞杂、速度加快的现代职场环境中，必须要不断提高工作效率，才能完成越来越多的工作。在如今节奏越来越快的社会，把工作变得简单一些，才是最好的对应之策。

在管理学上有个著名的“崔西定律”：任何工作的困难程度与其执行步骤的数目的平方成正比。例如，完成一件工作需要 3 个执行步骤，那么这项工作的困难度系统是 9；而完成另一工作如果有 5 个执行步骤，那么该工作的困难度系数是 25。虽然只增加了 2 个步骤，但是难度系数却增加了 16。所以企业要提高效率，必须要简化工作流程，步骤越少越好。

华为公司是坚定的“崔西定律”拥护者和执行者，无论是部门还是个人，华为都要求必须进一步减少自己的工作量，简化自己的工作步骤。所有员工都必须认真分析自己的工作流程的网络图，仔细思考，然后想办法对自己的工作进行优化和简化，压缩一些烦琐的程序，去掉一些不必要的流程，尽量做到每一个流程都没有多余的环节。

2009年，任正非提出了“让一线做决策”的口号，其目的就是减少上传下达过程中过于繁冗的流程，保持决策的时效性，进而提升公司的反应能力。一个公司做大以后，通常会出现反应迟钝的问题，这在变化快速的现代市场是非常危险的。任正非曾多次强调要去除流程中的冗余环节，把工作流程的各个环节精简下来，他说这是优化工作程序、提高工作效率的第一步。

简化流程，不仅可以解放更多的劳动力、节省更多的资源，还能有效降低管理的难度和风险，降低工作中的错误率。在流程工作中，如果有一个环节出现了问题，那么将会导致整体工作的失败；环节越多、越复杂，犯错的机会和代价就会成倍增加，管理的难度也成倍增加。

在任正非的号召和带动下，很多华为员工每年都会想方设法减少自己的工作环节，有的员工为了做到极致，在短短的一两年时间内减少了70多个工作环节。这不仅节省了工作时间，还节省了大量的资源，从而提高了工作效率。这种简化方式与简化的意识为华为争取到了更多的机会，也创造了更大的价值和利润。

当然，华为的简化工作流程并不是简单地删减工作量，也不是毫无道理地去压缩工作时间。流程决定了工作的合理性和方向，其中的一些关键步骤是必不可少的，比如准备工作、执行任务、检查任务的阶段：如果员工随意去除一些准备工作或检查工作环节，可能会对工作的结果造成不良影响；如果员工在执行任务阶段随意删减任务进度，可能最终会影响工作目标的实现。

在职场中，该怎样把工作变得简单、高效呢？

第一，问清楚自己工作的目标和要求，避免重复作业、减少错误的机会。有的员工，工作中根本不知道自己应该做什么，或者说不知道有的目标对自己的工作将会产生什么样的影响。所以在开始某项工作之前，先想清楚所有的问题，然后再开始工作，这样反而会让工作变得更加简单、高效。

第二，学会拒绝别人，不让额外的要求扰乱自己的工作进度。有一些员工在职场中，不懂得拒绝别人，结果不仅自己的工作没做好，也没有帮别人做好。你要对自己的工作负责，要管理好自己的时间，不要让别人的工作扰乱了你的工作节奏。

第三，做报告时要有自己的观点，用少量的信息让老板感到满意。在做工作汇报时，要有自己的观点，要学会利用重要的信息或数据对自己的观点加以解释，不能模棱两可地描述。如果信息太多，会使报告变得没有重点；如果缺少必要的数据支撑，会使报告没有说服力，对老板没有什么帮助，劳动成果将得不到认可。所以报告内容一定要精简、切中要点，最重要的是能够帮助自己快速地做决策。

第四，有效过滤邮件，让自己的注意力集中在重要的信息上。现代发达的电子邮件以及实时通信技术，在方便我们的同时，也让我们浪费了大量的时间。我们要懂得在何时关闭自己的虚拟沟通之门，让注意力集中到重要的事情上。我们的邮件内容要尽量精简，用最少的文字传递最多、最重要的信息，从而吸引收件人的注意，提高对方回复的机会。

第五，只要取得信任，不需要反复地沟通，同样可争取到自己需要的资源。当你第一次提出要求时，最主要的是让老板了解你的提案，会议时间越短越好，不要超过 15 分钟。老板对你的信任来自你解决问题的能力，所以你需要从不同的角度去思考，以取得老板的信任。

第六，专注工作本身，而不是绩效评价的名目，才能真正有好的表现。公司的目标是扩大控制、减少成本，绩效评价制度是为了让公司保持竞争态势，激励员工。你要想的是该怎么把工作做好，必须要加强哪方面的能力，当你顺利完成目标、有了具体的成果后，自然会有一个好的评价结果。

把工作变得简单一些，去除一些不必要的环节，把精力集中到重要的事情上，提高自己的工作效率，做一个会工作、会生活的人。

做正确的事，用正确的方法去做

我希望各级干部在组织自我批判的民主生活会上，千万要把握尺度。我认为人是怕痛的，太痛了也不太好，像绘画、绣花一样，细致地帮人家分析他的缺点，提出改进措施来，和风细雨式最好。

——任正非

很多人在工作中很有效率，总能提前完成自己的工作，这很好。但是对企业而言，需要的不仅仅是你的工作效率，效率是“以正确的方式做事”的能力。效率高并不意味着你的工作结果就是正确的，可能你做的结果是错误的，这样做得越快错得越多。

也有很多人在工作中只注重去做正确的事，每次的工作都完成得很好，但是没有科学的方法，结果很好却效率太低，这也不符合企业的发展。一家企业想要在竞争中脱颖而出，需要的是那些会用正确的方法去做正确的事的员工。

做正确的事，体现的是员工对工作方向与目标的正确把握；用正确的方法做事，体现的则是员工对科学工作方法的理解和把握。对企业而言，两者是不可分割、缺一不可的。只有将两者完美结合起来，才能达到目标、方法和结果的完美统一。

华为的一个工作原则就是，要求员工去做正确的事，并且用正确的方法去做。做正确的事，是一个团队或者一个员工的工作目标或方向；而用正确的方法去做事，则是工作方法，这需要员工用心思考怎样做才能达到更好的效果。这两者是相辅相成的，如果大方向错了，那么做得再多也是无用功；但是，如果没有好的工作方法去执行，那么效率也是一个很大的问题。

那么什么才是正确的事呢？从企业角度来说就是战略要正确，如果企业的战略方向不对，那么员工再怎么努力也是白费。30 年来华为的高效、快速发展，证明了其战略的正确性。华为的发展经过了几个阶段，每个阶段的战略目标都是不同的。

华为为了确保战略的正确性，不断地进行反思，把那些不确定的东西确定后再进行判定。通过调查市场、通过与客户交流，把战略设计中的未知数都计算出来。华为为了能把战略设计好，设计了很多的制度去支撑。

任正非说："你拉车有五六根绳子，从末端把绳子拉起来的时候，哪根绳子没有绷紧，就要把它剪短。因为它不但起不到合力的作用，绳子本身还自带重量。"他还说："对确定的事情直接进行攻击，不确定的事情先打一枪，再轰一炮。"

对于执行者来说，做正确的事情就是在职责范围内达成自己的绩效目标，为公司的战略目标而努力。在华为，正确的事就是符合工作计划与工作目标的工作，就是与职责、与接收到的命令相符合的工作。正确的事不是员工自己设定的，而是公司根据战略目标和团队绩效给员工制定的一个指引和目标。

所谓正确的方法，必须是符合现实并且经得起实践考验的方法。无论工作多么复杂，方法都有很多种，总是会有客观规律可循，经过实践的检验，总有一种或者几种方法是最符合客观规律且能达到最佳效果的，这种做事的方法就是正确的。此外，正确的方法必须是符合法律法规、公司的规章制度以及社会道德的。

对于正确的方法，华为已经有了一套科学的方法，员工只要去执行就行了。华为要求每一个员工按照经过实践证明了的方法行事，而且要注意特定的程序，要对时间进行合理规划，减少不必要的流程浪费，最后专注地执行任务。华为也鼓励员工对工作流程进行合理的改进和完善。

Susan 原是一家外企的白领，跳槽到华为担任某办事处的行政秘书，新工作的内容有日常办公室的事务、人力管理、调度车辆，还负责与客户的联络等。以前习惯了悠闲工作的 Susan 常常忙得脚不沾地，并且很多事情处理得并不圆满。

在接受了公司的培训后，Susan 学会了统筹安排自己的工作，在工作中用了华为的工作方法——先处理那些重要并且紧急的工作，把之前杂乱的工作安排得秩序化、规范化、条理化。她发现按公司的工作方法严格执行后，自己的工作效率大大提高了，原来每天杂乱无章的工作开始变得井井有条了。

事情还是那么多，人也还是那个人，但是换了一种工作方法，就能得到不同的结果。正确的工作方法是能够提高工作效率的办法。

明白了什么是正确的事，以及怎样用正确的方法去做事后，就能有效地达成自己的工作目标。把握正确的方向与目标是前提，而正确的方法则是完成工作目标的重要保障。

在接到任务的时候，首先要分析任务内容的本身是否正确，如果是正确的，符合工作目标，那么就像华为员工那样，试着把自己的工作任务分解成不同的步骤，统筹规划一下先要做什么、后来做什么，最好采用什么样的工作方法，思考一下完成每个步骤需要的时间，然后列出详细的工作计划。

制订好计划后，那么就严格按照计划努力执行。在执行的过程中，学习总结经验，点评自己计划的好坏，以及执行计划中方法的好坏，然后努力改进。这样一个项目做下来，你肯定能成长很多。

无论是做正确的事，还是用正确的方法去做事，都需要用心与坚持。

工作中需要逆向思维

我们推行以正向考核为主，但要抓住关键事件的逆向考核，对每一个错误都要逆向去查，找出根本原因，加以改进。

——任正非

在一次内部讲话中，任正非特别提到了华为的“红军”和“蓝军”。所谓“蓝军”，原指在军事模拟对抗演习中专门负责扮演假想敌的部队，通过模仿对手的作战特征与“红军”（代表正面部队）进行针对性的训练。华为的“蓝军”也具有类似的作用。任正非的解释为“‘蓝军’想尽办法来否定‘红军’”。

“唱反调”是“蓝军”的主要任务，他们模拟各种对抗性的声音，模拟各种可能会发生的信号，甚至提出一些严重的警告。“蓝军”通过这样的做法为公司董事会提供决策建议，从而让华为一直走在正确的道路上。

华为运用逆向思维，从不同的角度来观察公司的战略与技术发展，审视、论证“红军”战略、产品、解决方案中存在的漏洞或问题。

为了在技术层面寻求差异化的颠覆性技术和产品，华为建立了“红蓝军”的对抗体制和运作平台。在公司高层团队的组织下，通过辩论、模拟实践、战术推演等方式，对当前的战略思想进行反向分析和批判性辩论。

为了能让产品更加完美地呈现给消费者，华为在每条产品线上都组建了两支队伍："红军"和"蓝军"。在产品线上，"红军"的主要任务就是对某个流程进行规划，而"蓝军"的主要任务就是每当"红军"做出一个新的设计和规划，都会想方设法地来"捣乱"，"吹毛求疵"地找出"红军"设计流程中存在的各种缺陷。

但是如果"蓝军"没有地位，那么他们的"挑刺"也就没有什么效果，为了让这种方式能够真正起到应有的作用，任正非说："我们在华为内部要创造一种保护机制，一定要让'蓝军'有地位。'蓝军'可能胡说八道，可能有一些'疯子'，但他们敢想、敢说、敢干。博弈之后要给他们一些宽容，你怎么知道他们不能走出一条路来呢？"

华为"蓝军"的"挑刺"实际上就是一种逆向思维下的优化方式。工作中，有时也需要一些逆向思维。

逆向思维也叫求异思维，它反向思考一些司空见惯或已成定论的事物或者观点，是一种"反其道而行之"的思维模式。逆向思维让思维向对立面发展，从问题的反面进行深入探索，创立一种新的形象。

任何事物都有正反两个方面，通常人们习惯只看事物的正面，往往忽略了它们的反面。其实想要认清事物的全貌，清楚事物的运行规律，应该从正反两个方面去分析。

很多时候，人们无法从正面去解决的问题，试着换一个角度从它的反面进行分析，反而能够起到不错的效果。在工作中，总会遇到一些难以解决的问题，如果费尽心思也找不到突破口，这时不要怀疑自己的能力和水平，从解决问题的方法和思维入手，可能会有个不同的结果。

逆向思维通常在工作中有下面几种应用。

第一，程序上的逆向思考。大多数时候，人们在执行任务时，都是习惯按照顺序去做计划，然后逐步向目标前进。但是也可以采取逆向思维，可以把目标作为起点，倒着往前推算，确定好每一步所要做的事、每一步需要完成的任务，这样员工在工作的过程中，就可以把这些任务作为短期目标，然后逐一去实现。

第二，方法的逆向使用。在工作中，大多数人会采用常规手段来解决问题，这些手段都是业内所遵从的方法，或者是大家习以为常的，有时换一种与常规做法完全不同或者截然相反的方式，往往会起到意想不到的效果。

一家时装店的员工不小心将一条高档长裙烧了一个洞，通常情况下先将这条裙子送去织补，然后降价处理，要不这条裙子就由弄坏的人买回去。但是这名员工既不想降价销售，又不想自己买，该怎么办呢？这位员工利用逆向思维，在小洞的周围又挖了很多小洞，并且做了精心的修饰，并将其命名为“凤尾裙”，结果“凤尾裙”开始热销起来，这家时装店于是名声大振。

第三，换位思考的应用。在工作中，很多人往往因为一些小事跟其他人发生冲突，上下级之间也常常因为意见不同而难以顺利沟通，以至于员工总是抱怨自己的意见不受重视，抱怨自己在公司没有得到应有的尊重。其实这时，员工应该停止抱怨，想办法站在他人或上级的位置思考问题，这样或许就能理解他们的想法，不会再有那么多的抱怨了。

别在自己的位置上看别人，要更多地在别人的位置上看自己。只有换位思考，将心比心，设身处地地考虑对方的感受，才能理解他人的做法。

第四，观念的逆向。每一件事情都有常规性的观念，但这些观念并不适合所有人的所有情况。其他的国际通信巨头，都是从城市开始起步，然后走向成功的。但是华为由于条件不好、生存空间小，最后选择走“农村包围城市”的道路，这种观念的逆向选择，让华为走出了困境，实现了华丽蜕变。对于那些身处困境的员工来说，改变自己的工作观念是不错的选择。

第五，因果的逆向。因果之间是可以相互转化的，常规的做法是由原因推断出结果，也可以由结果倒推出原因，并转化成原因。有时某种恶果在一定条件下，又可以转化成有利的因素，其中的关键就是如何进行逆向思考。

工作中潜藏着看似不可能的机会，要习惯用逆向思维来打破那个不可能，把它变成可能。

第四章

华为团队管理法：小的成功靠个人，大的成功靠团队

构建自己的“唐僧团队”

一个人不管如何努力，永远也赶不上时代的步伐。只有组织数十人、数百人、数千人一同奋斗，你站在这上面，才摸得到时代的脚。我放弃做专家，做起了组织者。

——任正非

“没有完美的个人，只有完美的团队”，这是备受很多企业推崇的一句名言。有不少企业用这句话强调团队精神的重要性，希望自己的团队能好好协作。很可惜，不少企业构建不了一支完美的团队。

但是，在华为人们看见了这样一支完美的团队。华为有这样一种团队文化：“胜则举杯相庆，败则拼死相救”，它在激发员工对胜利的渴望的同时，也告诉员工不要害怕失败，一切有“我们”。“胜则举杯相庆，败则拼死相救”是团队精神和智慧的体现。

对于这种完美的团队文化，华为国际咨询委员会资深顾问田涛曾经以“唐僧团队”来形象地说明。

田涛说，他少年时非常喜欢读《西游记》，几乎把《西游记》都翻烂了，那时着迷的是“72 变”的孙大圣，认为唐僧就是一个是非不分的人，当时恨透了唐僧。后来年纪大了，站在组织的视角重读《西游记》时突然发现，

《西游记》里充满了理想主义色彩，唐僧其实就是一位伟大的理想家。

田涛认为，西天取经的要义在“经”，其实就是企业的使命、愿景和价值观。唐僧的伟大在于他始终不改初心，并且锲而不舍地把愿景传递给团队中的每一个人。他虽然没有孙悟空的火眼金睛，还经常被假扮良善之人的妖怪蒙骗，多次错怪了孙悟空，但这正是他坚持“心存善念”价值观的体现。

田涛认为，唐僧团队中的每一位都是“老江湖”，唐僧团队其实就是一支典型的杂牌军。团队“创始人”唐僧的厉害之处在于他能够包容、驾驭、凝聚有着不同出身、不同背景、不同个性、不同品格和能力的一群人。在他的带领下，整个团队共同经历九九八十一难，经历了无数的坎坷与诱惑，最终修成了正果。

任正非从华为创立之初至今，基本上不直接管人、管钱、管业务，他在团队中的角色和职责类似于唐僧。唐僧永远和团队在一起，任正非也永远和员工在一起。他为大家指出方向，确定使命；他与高管团队们一起规划愿景，形成价值观；他与管理层一起制定战略；他在华为发展的某些重要阶段“一竿子插到底，为变革寻找切入口和试验田”。

唐僧团队之所以能够不忘初心，最后到达西天取得真经，主要还是得益于唐僧所具备的三大完美领导力。

第一，作为团队的领导者，他目标清晰、意志坚定。

没有任何神力和功夫的唐僧，从一开始就下定了去西天取经的决心。虽然他知道自己可能会面临很多危险和困难，但是他目标清晰、意志坚定，哪怕在面对死亡威胁、徒弟逃走、美色诱惑时，他也从来没有一丝动摇。唐僧用自己的行动，影响着团队里的每一个成员，让他们从开始的被迫同行，变成了后来的心甘情愿地去完成伟大的使命，这就是领导的魅力。

一个团队的领导者，如果自己都没有一个清晰的目标，其员工又怎么知道目标在哪里呢？如果领导者自己都不能坚定地向目标前进，那么又怎么说服员工和自己一起去达到目标？所以在组建团队时，领导者要想清楚目标，然后以身作则，把团队紧紧团结起来，朝着既定的目标前行。

第二，前进过程中，“紧箍咒”是必要的。

如果唐僧没有紧箍咒，可能早就与孙悟空分道扬镳甚至被一棒打死了。树立自己的权威也是领导者的必需能力之一，领导者一定要有与其身份相符的威信，如果没有权威，领导团队的根基就不会存在。但是有一点，唐僧从来不“滥用职权”，只有在不得不用的关键时刻，才用上紧箍咒。

每个公司在前进的道路上不可能是一帆风顺的，总会遇到各种各样的问题。这时团队里的人员会有各自不同的解决方法，有的方法甚至和公司的价值观相违背，这时领导者应该统一大家的思路，给大家一个明确的方向，对于那些不愿执行的人要给予应有的惩罚。适当的惩罚有利于团队的团结，有利于团队的稳定。

第三，领导者还要以德服人，以情动人。

孙悟空一开始被迫跟随唐僧时，并不尊重唐僧，但是在共同历经无数次危险之后，唐僧的执着、善良和对孙悟空的关怀，最终感化了孙悟空，让他死心塌地地与唐僧一起向着目标前进。

看看那些打仗厉害的军队的领导者们，他们既会半夜查岗、严格团队的纪律，也会半夜去给士兵盖被子，关心士兵。正是这种恩威并施的做法，才把大家的心凝聚在一起，为一个目标而努力。作为一个团队的领导者，在塑造团队精神的时候，要学会进行情感投资，要多与下属交流、沟通，关心团队成员的衣食住行，营造一种家庭的氛围。

作为团队的领导者，要善于发现员工的才能并加以利用。唐僧的三个徒弟，才能和个性都不同，但唐僧却能恰当地进行工作分配。孙悟空能力强、工作积极性高但心高气傲，于是唐僧一方面分配给他能够充分发挥其专长的工作，如降妖除怪、在危险环境中探路等；另一方面也注意约束其行为，防止其能力和自主性的过度发挥，从而影响目标的实现。

对于能力中等但工作态度不积极的猪八戒，唐僧让他与业务能力强、工作积极的孙悟空协同工作，如降妖除魔、探路化缘等，在孙悟空的监督下，猪八戒也能更快地完成工作。另外，唐僧还充分利用了猪八戒“善于处理人际关系”的特点，分配一些能发挥其特长的特殊任务，如问路、打听情况等。唐僧还利用猪八戒喜欢讨好领导的特点，暗中把一些通风报信的工作交给猪八戒，以便随时了解团队成员的动态，也方便在适当的时候调整自己的管理手段。

而对于勤勤恳恳但业务水平较差的沙和尚，唐僧则分配给他技术要求不高但对工作态度要求较严格的工作，如挑行李等死板、枯燥却考验耐力的工作。

企业想要取得像华为那样的成就，除了要有孙悟空、猪八戒、沙和尚这样能力各异、优势互补的员工，更重要的是，团队需要拥有一个能够给大家指明方向的唐僧般的领导人物。企业领导者倘若能构建自己的“唐僧团队”，距离成功就不远了。

用大刀“砍”出狼性团队

> 不管是对干部还是普通员工，裁员都是不可避免的。我们从来没有承诺过，像日本一样执行终身雇佣制。
>
> ——任正非

一个国家想要长治久安，需要一支战无不胜、攻无不克的强大军队在背后支撑；一家企业想要传承百年、屹立不倒，也需要这样一支善打硬仗的团队。提到华为的团队合作，很多人都会用“狼性”来形容华为团队的协作精神。

华为员工绝大多数是高级知识分子，是聪明人，华为是怎样把这样一群聪明人聚集起来，并将其打造成一支围绕公司目标、相互信任、相互协作的“狼性”队伍的呢？笔者认为是任正非用大刀“砍”出来的，是通过一套简单的规则约束出来的。

“一砍”：“砍”掉高层的“手”和“脚”。

任正非强调要“砍”掉高层干部的“手”和“脚”，只留下“脑袋”用来仰望星空、洞察市场、规划战略、运筹帷幄。不能让高层干部养成扎到事务性工作中去的习惯，要让他们关注、指挥好团队作战，而不是自己卷着袖子和裤脚，下地埋头干活。“砍”掉他们的“手”和“脚”，就是要他们头脑勤快起来，不能用手脚的勤快来掩盖思想上的懒惰。

任正非说，高层干部要确保公司在做正确的事情，要保证进攻的方向是正确的，要确保进攻的节奏是稳妥的，要保证作战的资源是最优的。

“二砍”：“砍”掉中层的“屁股”。

华为公司要强大，必须要强腰壮腿，而中层干部起着承上启下的作用，就是公司的“腰”，“腰”是中枢，位置至关重要，而基层是“腿”。“砍”掉中层干部的“屁股”，有三层含义。

首先，要打破部门本位主义，不能让“屁股”决定“脑袋”。每个中层干部不能只从本部门的利益出发“各人自扫门前雪”。华为坚决反对不考虑全局利益的局部优化，不能让那些没有全局观的干部来主持工作。

其次，要走出办公室，到现场和市场中去，实行走动管理。一切问题的答案都在现场。中层干部不能天天坐在办公室里，打打电话，听听汇报，看看“奏折”，而是要亲赴一线指挥作战。

最后，要让干部的“眼睛”盯着客户和市场，“屁股”对着老板。华为的核心价值观就是始终坚持以客户为中心，满足客户的需求。那些用“屁股”对着客户的干部，要坚决“砍”掉他的“屁股”，让他下台。

“三砍”：“砍”掉基层员工的“脑袋”。

华为的员工绝大多数是高级知识分子，如何把这些清高的“秀才”改造成能征善战的“兵”，任正非也是煞费苦心。他在多种场合强调要服从组织纪律，建设流程化组织，建立业务规则。

任正非在致新员工的一封信中明确指出，华为反对基层员工刚到公司，还不了解情况，就给公司提各种建议。他要求基层员工必须按照流程把事情简单高效地做正确，不需要自作主张、随性发挥，这就是“‘砍’掉基层员工的脑袋”。

在华为，高层干部要有决断力、中层干部要有理解力、基层人员要有执行力，只有坚定不移地“砍”掉各自多余的脑袋和手脚，才能减少冲突，才能保证各层人员各谋其位、各司其职，才能形成一个攻无不克、战无不胜的

"狼性"团队。

"四砍":"砍"掉一身营养过剩的"赘肉"。

前面的三"砍"虽然重要，但是如果没有最后这关键一"砍"也是白"砍"。没有这一"砍"，就没有整个组织"脑袋""屁股""手脚"的协同；没有这一"砍"，所谓的强大也只是虚胖；没有这一"砍"，即使成为恐龙也难以逃脱物竞天择的命运。这一"砍"就是"砍"掉一身营养过剩的"赘肉"，这里面包含了三层含义。

第一层，就是要砍掉不劳而获的幻想。

在致新员工的信中，任正非明确指出"进入华为并不意味着高待遇，公司是以贡献定报酬、凭责任定待遇的，对新员工，因为没有记录，晋升较慢，为此，我们十分抱歉"。在华为，要想取得成功，要想得到认可，必须"丢掉速成的幻想，学习日本人踏踏实实、德国人一丝不苟的敬业精神。只有把精力集中在一个有限的工作面上，才能熟能生巧，取得成功"。

华为明确地提出以奋斗者为本的核心价值观，其本质就是要坚定不移地"砍"掉员工的"惰怠"。华为将员工分为奋斗者和劳动者，那些晋升、薪酬、奖金、配股、成长机会等利益分配都向奋斗者大幅倾斜，让奋斗者得到合理的回报。华为通过绩效和劳动态度的评价，实行差别考核的强制分布，将不愿意奋斗的员工逐步淘汰。

第二层，就是要"砍"掉居功自满的思想。

经过三十多年的发展，华为从一个名不见经传的民营企业，发展到世界 500 强企业，这是华为全体员工共同奋斗的结果。在华为不断成长的过程中，员工的钱包也鼓了起来，不少员工都不用再为"五斗米"而奋斗了，这也导致了一些人想躺在功劳簿上歇一歇。

如何持续激发员工的斗志，成为华为需要思考的问题。任正非在讲话中强调："我们要不断激活我们的队伍，防止'熵死'。我们决不允许出现组织'黑洞'，这个黑洞就是'惰怠'，不能让它吞噬了我们的光和热，吞噬了活力。”

任正非一面警告某些干部：如果不能改正，应该给他们开个欢送会；一面挥舞着“胡萝卜”，通过“金牌员工奖”“蓝血十杰奖”“明日之星奖”等来激励员工。

第三层，就是“砍”掉员工封闭狭隘的理想。华为倡导艰苦奋斗的核心价值观，不仅是行为上的艰苦奋斗，更重要的是思想上的艰苦奋斗、思想上的大格局和大视野。

华为要求员工要有工匠精神，要时刻思考，要优化流程，要时刻保持进步，要时刻保持危机感，面对成绩保持清醒头脑，不骄不躁。

华为还要求员工要有自我批评的精神。华为不断地在公司文件和大会上公开自己的不足，指出自己的错误，勇于自我批评，不断进取。华为知道故步自封、拒绝批评，最终将走向失败。

如何团结华为18万的知识分子持续艰苦奋斗、攻城略地？那就必须要消除员工的“惰怠”思想，消除满肚子、满脑子的“赘肉”，让华为员工凝聚成“会跳舞”的企业巨人。

激发团队狼性的不仅仅是金钱

> 华为的企业文化是建立在国家优良传统文化基础上的，这个企业文化黏合全体员工团结合作，走群体奋斗的道路。有了这个平台，你的聪明才智方能很好发挥，并有所成就。
>
> ——任正非

什么叫团队？团队就是一群人，在一个共同目标的指引下，齐心协力地去完成一件事情。他们一起经历风雨的洗礼，一起浴血奋战；他们荣辱与共，患难相依，即使在艰难的困境下，依然会迎头而上，创造奇迹！他们像狼一样目标远大，头脑冷静，行动有序，富有智谋。

当狼开始行动后，没有结果，战斗就不会停止。成功了，狼群会一起分享胜利的成果；失败了，狼群会共同进退。狼是一种执着的动物，它们会狠狠盯住一个目标，集中全部的力量，坚定不移地坚持下去。

对于一家企业来说，怎样才能激发员工的“狼性”，把自己的团队也打造成这样一个“狼性”团队呢？任正非在一次市场部的工作大会上，曾说过这样一段话。

任正非说：“我们的目标是瞄准世界上最强的竞争对手，不断靠拢并超越它，只有这样才能生存下去。因此，公司在研发、市场系统必须建立一个适应‘狼’生存发展的组织和机制，吸引、培养大量具有强烈求胜欲的进攻型、扩张型干部，激励他们像狼一样嗅觉敏锐，团结作战，不顾一切地抓住机会，扩张市场。同时培养一批善统筹、会建立综合管理平台的狈，以支持狼的进攻，形成狼狈之势。”

“我们提出‘狼狈组织计划’，是针对办事处的组织建设的，是从狼与狈的生理行为归纳出来的。狼有敏锐的嗅觉、团队合作的精神，以及不屈不挠的坚持。而狈非常聪明，因为个子小、前腿短，在进攻时不能独立作战，因而它跳跃时抱紧狼的后部一起跳跃，就像舵一样操控狼的进攻方向。狈很聪明，很有策划能力、很细心，它就是市场的后方平台，帮助做标书、行政服务等。”

“狼与狈之所以能够合作，是因为双方有着共同的目标——猎获食物。正是因为这个共同的目标，让双方能够各尽其职、各展其长。华为的成功是团队的成功，而华为团队强大的凝聚力，正是依靠同一目标来构建的。”

人的行为是由动机引起的，并且都指向一定的目标。这个动机是行为的一种诱因，是行动的内驱力，对人的活动有着强烈的激励作用。团队的管理者可以通过设置适当的目标，有效地调动员工的积极性，激励员工不断前进。

有人说给钱不就行了吗？虽然金钱对人的激励作用是巨大的，但对于一个团队来说，却不能仅仅依靠金钱去激励人。因为金钱容易让人与团队的目标发生分离，譬如，金钱可能与团队利益发生冲突，当冲突出现时，金钱反而会消融团队的凝聚力。

任正非说“唯有文化生生不息”，华为的核心价值观是“以客户为中心，以奋斗者为本，长期艰苦奋斗”。华为已经将这个价值观融入了整个组织制度和流程体系，融入了18万华为人的心中，所有华为人在这个共同目标的指引下不断前进。

华为的价值观规定了企业的价值创造来源、价值评价标准和价值分配原则，也就是说公司的钱从哪里赚、靠谁去赚、赚钱后怎么分。这句话中的三个方面形成互为因果的价值链条，点明了华为客户、员工和股东三者的价值关系，是华为人人都必须遵守的最高理念，鼓舞着华为人不断地前进。

一个团队由一个个有独立思想的人构成，团队中的每一个成员都会有自己的个人目标。当个人目标与团队目标一致时，团队与个人便可以互相促进；当个人目标与团队目标不一致时，就会出现裂痕，最终会分道扬镳。一个优秀的团队，必然能够正视个人目标与团队目标的关系，并积极地将个人目标融入团队目标。

共同的目标是增强团队凝聚力的基础。凝聚力是使团队成员停留在团体内的合力，是领导凝聚团队的力量和使团队向上凝聚的力量。

如果一家企业的员工你有你的想法，我有我的意见，大家无法认同一个目标，那么这些员工的行动根本不会步调一致，也不会取得什么结果。一个很简单的道理，在捕鱼时，虽然网里有很多鱼，这些鱼拼命向各个方向逃窜，但是它们逃跑的方向不一致，最后还是被捕了上来。如果它们能够齐心协力，往一个方向逃跑，还是有可能挣脱的。

一个人再厉害，如果没有团队在后面支撑，他的力量还是有限的。任正非说："这个世界上没有一个人能够独立完成伟大的事业，做大事必须依靠团队的力量。"要想更好地把个人能力充分发挥出来，必须有团队的配合。人无完人，当发展到一定阶段，个人会发现有些缺点会制约自己的发展，而这时如果有团队的配合就会弥补缺陷，从而让个人走得更远。

不过将个人融入团队之中，尤其是将那些有能力、有才华的个人融入整个团队中，不是那么容易的事情。一方面，这考验着团队领导的能力和队员之间相互沟通协作的能力；另一方面则要冲破个人的心理极限，锻炼个人的体能和意志力。这些也会让个人受益匪浅。

不过，读者也应该明白，在非常简单的环境中结合而成的团队往往容易找到共同和清晰的目标；但在略为复杂的情况下，目标的明确性就会有很大的不同，比如“两个和尚抬水吃、三个和尚没水吃”的故事。两个和尚的目标很明确，就是找水并生存下去；达到三个和尚时，大家怀有私心、互相推卸责任，无法做到目标明确。其实在大型公司和团队中，由于太多个人或小组的利益冲突，成员表面上看有共同目标，内里却各自盘算，团队往往面临更多危机。

一个成功的管理者，要学会集众力、众智，懂得在团队中找到自己的位置，更要懂得求同存异，在团队的共同目标中实现自我价值。

丢掉团队中的“野狗”和“小白兔”

在本职工作中，我们一定要敢于负责任，使流程速度加快，对明哲保身的人一定要清除。

——任正非

企业的发展离不开人才，发现优秀的人才并善加利用，是企业管理者的主要任务。那么作为企业应该如何选拔人才，是用那些能力强的还是态度好的？我们先来看看现代企业管理学领域的“野狗”与“小白兔”理论。

“野狗”和“小白兔”这两个概念，最早出自美国通用电气公司的公开演说，后来受到了业界的广泛认可。这两个动物名词形容企业团队内具有代表性的两种人，大多数企业内都或多或少存在着这两种人。

有人根据个人能力和公司价值观认同这两个方面，把员工分成了几类。将那些业绩突出并高度认同公司价值观的员工，叫作“明星员工”。他们是公司最推崇和喜欢的员工，将会得到公司的重用，拥有更多的晋升机会。

对于那些业绩不错、能力也很强，但是对公司价值观认同度低的员工，称为“野狗”。这类员工不讲价值观，不讲诚信，对团队的危害很大。但是因为他们能给公司贡献业绩，所以很多公司在处理“野狗”时犹豫不决。“野狗”型的员工不讲团队合作，只顾自己，不管公司整体的利益，哪怕能力再强，公司也不能要，否则反受其害。

对于那些非常认同公司的价值观，在公司工作了一段时间，工作态度也很好，但是业绩平平、个人能力弱、业绩长期不好的员工，叫作“小白兔”。“小白兔”型员工会占用岗位和资源，如果一个公司大量核心的岗位被“小白兔”霸占，企业就会失去战斗力，所以也必须将其裁掉。

对于“野狗”和“小白兔”的任用问题，包括任正非在内的华为领导层一致认为，遇上“野狗”和“小白兔”型的员工，一定要坚决辞退，把机会留给更多能力和品德兼备、有想法和思想的年轻人。

相当一部分企业的高层不知道该怎样对待“野狗”型员工，他们业绩突出，为公司做的贡献很大，但是以权谋私现象也相当严重。该如何对待他们？任正非说：“对待‘野狗’式的员工要毫不犹豫地‘杀死’。”

在华为还是一家年收入一亿元、只有一两百位员工的小公司时，招到一个非常厉害的员工江某。他是一个天才，个人能力非常出众。华为在出现C&C08万门机事件时，因为他才起死回生。当然对于这样能力出众的员工，华为是不会亏待的：他刚到华为两天就升职为华为工程师，半个月就升职为主任工程师，半年就升职为中央研究部副总经理，25岁就当上了华为的副总裁；并且他在华为的股权也一路攀升，最后达到了仅次于任正非的第二位。

不过让很多人没想到的是，江某在华为正在快速发展的时候，拿着从华为折算的价值1 000万的设备，带着华为的一些技术人员离开了华为，开始“北上”自己创业。他的员工是从华为“挖”的，客户也是从华为“抢”的，就连公司内部的组织形式和企业文化都是从华为照搬过来的，甚至作息时间都与华为一样。

因为资本的介入，江某创办的公司很快成为华为在中国市场的最大竞争对手，对此任正非痛心不已。为了江某所创办的公司，华为花了六年时间并投入了大量资源，最后才解决了这个问题。

华为的这个真实案例，相信会让人知道，对待“野狗”型员工到底应该持何种态度了。企业在用人时应当尽量避免这类员工，即使不得不任用也要慎重，而且不能委以重任，尤其是牵扯到企业关键部门的职位，否则就可能出现上述案例中的结果。

雷军当年寻找合作人时，花了两年多的时间，他的要求不仅要“能力强”，还要与自己志同道合，并且是能够信赖和可以依靠的人。

对待“野狗”型员工，因为其明显的危害性，企业还是能痛下决心的。但是不少企业的管理者对“小白兔”型的员工很不忍心，因为这类员工守规矩、肯努力，只是没有出业绩而已。

巨人集团史玉柱曾跟马云有过讨论：关于坏人和“小白兔”，到底谁对公司的危害更大？最后得出的结论是：“小白兔”比坏人更可怕。因为“小白兔”人缘好，讨大家喜欢，虽然没出业绩，企业稍有恻隐之心就会留下。一只“小白兔”倒还好，如果公司变成了“兔子窝”，那么这家公司离倒闭也就不远了。

为什么“小白兔”型的员工危害这样大？第一个原因：如果一个企业中管理位置被“小白兔”霸占，他们招聘来和指导出的新员工可能工作能力更差，员工的业务水平只会越来越低。第二个原因：“小白兔”是团队中的“短板”，团队上下都需要花费许多精力和时间去弥补这个“短板”；而如果将这些付出放在值得投入的“明星员工”的身上，将会产生更大的效益。

企业里的员工看到“明星”们被提拔、重用，就会努力朝“明星员工”的方向提升自己；如果周围的“小白兔”员工很多，就会有更多的员工变成“小白兔”。所以丢掉“小白兔”是一个企业最应该做的事情。若企业领导者身边被“小白兔”们围绕，这家企业就无法获得成长，给企业带来很大的危机。

“野狗”有战略性高度，业务能力强，但是没有踏踏实实的作风，没有团队精神。这种类型的员工虽然可能在短期内不会对企业造成什么恶劣影响，但日积月累之后，做出违背立场和原则的事以致损害企业利益的可能性却非常大。业务能力差可以培养，但价值观有问题就很难扭转，所以“野狗”必须被企业丢掉。

“小白兔”作为企业员工之间的润滑剂，对同事特别友好、热情、善良，这样的老好人，自然是受人欢迎的。但一个杰出的企业要为社会创造价值，要有业绩支撑，这样才能有更大的发展空间。“小白兔”长期占用公司的资源和人力成本却没有价值产出，从长远看并不利于企业的发展，所以不得不被企业丢掉。

最合适的，就是最好的

> 华为的每个部门都要有“狼狈组织计划”，既要有进攻性的“狼”，又要有精于算计的“狈”，财务部和我就是那只“狈”。
>
> ——任正非

在管理界流传着这样一句话：没有平庸的人，只有平庸的管理。纵观那些成功的管理者，他们都非常善于用人，总是能把合适的人放在最合适的位置上，充分发挥出那人的优点。“岗得其人，人适其岗”，他们会根据每个人的能力和性格来安排适合他的岗位，从而发挥其特长，实现“人尽其才，物尽其用”。

著名管理学家彼得·德鲁克曾说：“用人不在于如何减少人的短处，而在于如何发挥人的长处。”企业用人的原则不是要找最好的员工，而是要找最合适的员工，只有做到人岗匹配，才能保证企业长久、健康地发展。

任正非说：“企业在发展的路途上，尤其是刚刚起步的创业时期，不要找明星团队，不要把一些成功者聚在一起，尤其是那种 35 ～ 40 岁就已经有钱、成功了的人。因为那些已经成功过的人在一起创业很难。创业初期要寻找那些没有成功、渴望成功、团结的团队；等到事业达到一定程度的时候，再请一些人才。”

在华为看来，最优秀的人不一定是最好的员工，只有那些最适合的才是最好的员工。对华为而言，什么样的人才是“最合适的人”？华为主要从“软”和“硬”两个角度去衡量：“软”是指认同华为的企业文化，这个主要从应聘者的个人态度、个性、喜好、兴趣等方面来考察；“硬”是指是否满足华为的岗位要求，这主要从应聘者的学历、年龄、技能等方面来考察。华为又是通过什么样的方法，找到那些最适合的人呢？

华为在招人的时候，首先会考虑目前企业需要什么样的人，这是“软”的素质，是由企业文化决定的。需要考虑以下几个问题：选人是德才兼备，还是以德为先，抑或是以才为先？是强调个性突出还是团队合作呢？是要开拓型还是要稳健型？

其次，华为还会考虑每个具体的岗位到底需要什么样的人。这是“硬”的条件。人力资源部门会通过职务分析，具体列明某个岗位的人需要具备什么样的学历、年龄、技能、体能等。这侧重于考察应聘者的能力、素质等。在华为，招聘部门每年年初都会主动参与企业和部门的人力资源规划，深入到一线了解企业内部人员的流动去向，以便随时掌握企业在不同阶段的用人需求，以便及时采取合适的招聘策略，及时为企业输送所需人才。

只有清楚企业需要的人，招聘人员才能做到心中有数，然后找到最合适的人。如果招聘人员稀里糊涂，根本不可能从众多的应聘者中挑选出企业所需要的人，这将造成企业财力和精力的极大浪费。

很多企业看到优秀的人才就想收归麾下，即使那个人根本不适合，也要花大价钱给“挖”过来，结果人才留住了，但没有适合这个人的土壤，一段时间后就成为鸡肋，浪费了双方的时间。这里也给那些优秀的人才提一个醒：不要被高薪诱惑，在跳槽前要先调查一下，看看那家公司是否适合自己。

华为在招聘的时候，特别强调“双向选择”：在招聘时不像有些企业那样，为吸引应聘者，故意美化企业，却对企业存在的问题避而不谈，让应聘者对企业满怀期望，等到应聘者进入企业后，才发现实际上企业并没有之前想的那么好，于是就会产生失落、受骗的感觉，工作积极性就会受到打击。华为会真实回答应聘者的每一个问题，这是对企业负责，也是对应聘者负责。

企业在不同的发展阶段会需要不同的人才，为了适应不同阶段的发展需要，华为采取了不同的招聘思路。20 世纪末，华为注重的是应聘者的发展潜力和可塑性，所以主要招聘高校应届毕业生。到了 21 世纪，其业务开始走向国际化，华为的招聘思路偏重于配备国际化的人才。

在华为还有一个现象，就是那些需要用人的部门要去招聘现场，因为只有用人部门才最清楚自己需要什么样的人，并且招聘过来的人员的素质和能力还直接关系到部门的绩效。前宝洁首席执行官说：“在公司内部，我们看不到比招聘更重要的事了。”

即使是一张招聘登记表，华为都是经过科学设计的，例如在登记表上会把软件细分为系统软件和应用软件，这样就大大减少了面试的时间。这张小小的表格，可以基本反映出一个人的所有情况，淘汰一些明显不符合企业要求的人员，从而筛选出意向对象，邀请其参加面试。

通过严格的流程，华为找到了适合自己的人，然后不惜花费很大的物力和财力去培养这些人才。通过不断地锤炼，让那些人才快速融入华为这支“狼性”队伍之中。

有一些企业的管理者总是抱怨员工积极性不高，员工工作效率低，员工能力差，总想着如果招到那些优秀的员工就不会出现这样的问题了。其实不然，优秀的员工不一定适合每一个企业。如果那些优秀的人才无法融入企业，无法胜任企业的工作，那么即使招来再多优秀的人才也不能为企业所用，不能改变企业的困境。

每家企业的具体情况不同、所处的阶段不同，需要的人才也各不相同，关于用人标准没有统一的回答。我们只能参考那些成功企业的成功之处，加以学习，融会贯通。在此基础上，还要因地制宜，不能生搬硬套，这样才能知道本企业到底需要什么样的人才，也才能知道什么样的人才最适合本企业。当然还要注意，即使是同一家企业，因为所处阶段不同，最适合的人也在不断地变化，所以企业的人才观也要与时俱进。

不是说招到适合的人就好了，还要对所招的人进行培养，俗话说“玉不琢，不成器；人不学，不知义”。培养好了后，对人才善加利用，把他们的能力发挥到极致，才能做到像华为那样“最适合的，就是最好的”。

打造团队的认同感

一个人再有本事，也得让所在社会的主流价值认同，才能有机会。

——任正非

每个团队的领导者都非常希望自己的下属对团队有认同感，希望下属能认可团队的目标、价值观，希望下属认同他的领导权威和处事原则。这份认同感的根源是什么呢？又怎么让下属建立这种认同感呢？

当我们认同一个团队的时候，主要是因为在这个团队中，我们有一种归属感，我们感觉自己属于它，觉得这个团队就是我自己的。在这个团队中，我们能够感受到家的氛围，哪怕这个家并不完美。

华为是怎样打造自己的团队认同感的呢？华为通过精细化管理和人性化管理相结合的模式，让员工深深认同团队。虽然华为的纪律严格，工作辛苦，但是华为同时具有人性化这个法宝，增强了华为人在心理上的满足感和幸福感，同时增强了团队的凝聚力和向心力。

一个与华为合作过的人发现，华为项目组现场管理制度非常严格，里面明确地规定了现场纪律的各种要求条款，比如严格规定上下班及作息时间，就连办公桌面都要求整齐、清洁，员工下班后必须关闭电脑、显示器和空调，房间要锁门，如果离开办公桌10分钟以上必须用内部邮件通知，上班时间不得上与工作无关的网站；等等。

跟上面每个条款相对应的是，配有不同数量的违反扣分标准。华为规定每人每月可扣总分为100分，当总分被扣到80分以下时，需要罚款50元或100元，当总分被扣至60分以下时，面临的处罚可能是降薪或被项目组辞退。而那些被罚的款项，一般用来作为项目组的零食专款或奖励专款；如果连续3个月以上都得100分者，可被项目组奖励100元。

华为的纪律监督员和考勤记录员，是项目经理从那些平时工作认真负责且全体成员认可度比较高的普通组员中选择任命的。纪律监督员负责不定期地突击检查员工的纪律情况并接受纪律举报，而考勤记录员负责上下班考勤和纪律扣分登记记录，并且月底进行汇总。当然这种罚和奖不只是记录一下而已，在每月底召开的民主生活会上，该罚的现场掏钱，该奖的现场收钱，项目组所有的人都看着，做到了真正的奖罚分明。

因为精细、客观的绩效考核评分是有据可查的，是客观准确的，这种奖罚分明的团队更能获得大家的认同。

在华为的合作项目组里，一般情况下，30～40人的大项目组团队被分成5～6人的项目小组，每个小组均任命一名组长，每位组长对项目经理负责，向项目经理汇报工作。每个小组长对各自组员的计划进度安排得非常细致，有时会精细到2～3小时的工作量。当然，这样精细的管理会带来巨大的工作量，华为就是通过全员参与管理的方式解决了这么大的工作量，还提高了员工的积极性。

在华为的项目组，基本上每个员工都参与到一些管理工作之中，很好地提高了员工的主人翁意识和积极性。员工会感受到团队对自己能力的信任和认可，接到命令后，员工会感受到一种使命感，从而能以极大的热情投入到工作之中。华为的这种全员参与管理的方式，极大地提升了团队的积极性。

华为通过精细化管理，让全员都参与到管理之中。我们知道，更深层次的认同感来自团队中的每个人都可以对团队有所贡献，每个人都参与了团队的建设和发展，每个人都为团队的成就贡献了自己的力量。华为深谙此道。

当然，华为做的还不止这些，在精细化管理中，华为还有很多人性化的管理。华为在团队建设方面处处体现着其人性化的一面：有时即使项目经费很有限，项目组也会省出一部分经费，定期举行一些娱乐活动来活跃团队的气氛。比如会开展一些户外拓展运动、海上游活动等，这些活动既活跃了整个集体的氛围，联络了成员之间的感情，又加深了成员对项目组的认同感和归属感。

如果一个项目组中某月有几个人过生日，项目组会举行一次生日聚会，大家一起吃生日蛋糕，每个员工都能够感受到集体的温暖。

项目组还鼓励大家参加一些对工作有益的认证考试，如果有组员通过了考试，项目组会在民主生活会上对其进行现场奖励，这样每个组员都能感受到努力所带来的直接激励。

华为每个月的民主生活会可以说是茶话会，在开会现场会买来很多水果、零食；也可以说是一个工作会，在会上团队领导会总结整个项目当月的工作情况，并部署和安排下个月的工作目标和计划。在民主生活会的最后，就是批评和自我批评，项目经理会让各个小组写出三条自身需要改进的方面和两条其他小组或项目经理需要改进的方面，并由其进行阐述。这样既能检查自身工作的不足，又能帮助其他小组发现问题，使大家共同提高。这种开诚布公的批评和自我批评，不仅消除了误会增进了各小组之间的友情，还提高了组员间配合的效率。

华为的项目经理还会抽出时间定期与各位组员进行一次例行沟通，主要是与当事人一起回顾前段时间的总体工作表现，肯定其之前的努力和成绩，指出存在的不足，并告诉他改进的方向和方法，对他提出殷切的期望。同时，例行沟通中还会帮助组员解决生活中存在的困难和疑虑，沟通项目组制度方面存在的想法和意见。通过这样的沟通，项目经理可以清楚地了解每位员工的思想动态，有针对性地进行帮助和教育，提高员工的团队认同感，从而提高人员的稳定性和凝聚力。

时代在变，企业与员工的关系不再是一纸劳动合同的雇佣关系，还有着对彼此的需求和期望。企业希望员工能为企业的发展全力奉献，并让他们相信企业能满足他们的需求与愿望；员工希望企业能够清楚地了解自己的需求与发展愿望，并尽量予以满足。只有相互满足对方的期望，才能彼此合作愉快。

如果企业能满足员工的需求和愿望、获得员工的认同感，把企业的目标和个人目标融为一体，员工才能将企业文化牢记于心，愿意与企业共进退，员工的工作效率才会提高，企业才有可能成为永远充满活力的健康、幸福的组织。

第五章

华为工作调动法：有时候态度比能力更重要

机遇偏爱踏踏实实的工作者

我们要造就一批业精于勤、行成于思，有真正动手能力、管理能力的干部。机遇偏爱踏踏实实的工作者。

——任正非

在华为，有一句话已经深入人心："您想做专家吗？一律从基层做起。"踏踏实实从基层做起，是华为对所有员工的要求。在华为，升职加薪没有什么捷径，只有不懈地坚持和努力地付出，才能成为自己前进的垫脚石。在华为，想要改变自己的命运，方法只有两个：一是努力奋斗；二是做出贡献。

工作中不能好高骛远，如果不踏踏实实地做好本职工作，就不能为自己的未来打下坚实的基础。古人说："不积硅步，无以至千里；不积小流，无以成江海。"不要觉得可以舍弃细小就很快达到广大，跳过近前而很快直达远方；觉得可以没有过程就直抵终点。千里之行，始于足下。虽然有远大的目标，但是还要付出足够的努力才能获得成就。如果只是空怀大志，而不愿为理想的实现踏踏实实付出劳动，那么理想永远只能是空中楼阁，遥不可及。

2015年，华为创始人任正非在《致新员工书》中告诫道："世上有许多'欲速则不达'的案例，希望您丢掉速成的幻想，学习日本人踏踏实实、德国人一丝不苟的敬业精神。现实生活中能把某一项业务精通是十分难的，您不必面面俱到地去努力，那样更难。干一行，爱一行，行行出状元。您想提高效益、待遇，只有把精力集中在一个有限的工作面上，不然就很难熟能生巧。”

“您什么都想会、什么都想做，就意味着什么都不精通，做任何一件事对您都是一个学习和提高的机会，都不是多余的，努力钻进去兴趣自然在。我们要造就一批业精于勤、行成于思，真正有动手能力和管理能力的干部。机遇偏爱踏踏实实的工作者。公司永远不会提拔一个没有基层经验的人做高层管理者。”

“遵循循序渐进的原则，每一个环节对您的人生都有巨大的意义，您要十分认真地去对待现在手中的任何一件工作，十分认真地走好职业生涯的每一个台阶。您要尊重您的直接领导，尽管您也有能力，甚至更强，否则将来您的部下也不会尊重您。长江后浪总在推前浪。要有系统、有逻辑地提出您的建议，您是一个有文化者，草率的提议，对您是不负责任，也浪费了别人的时间。特别是新来者，不要下车伊始，动不动就哇啦哇啦。要深入、透彻地分析，找出一个环节的问题，找到解决的办法，踏踏实实地一点一点地去做，不要哗众取宠。”

任正非在《致新员工书》中可谓是苦口婆心，劝解新员工要脚踏实地，做好自己的本职工作，要静下心来专注于一点，不要好高骛远、贪多贪杂，最后不光本职工作没做好，还眼高手低，虚度了光阴。

华为允许员工适当地挑选自己的工作岗位，不过首先还是要服从公司的工作分配，并争取尽快磨合，让思想的火花在本职工作中闪烁出来，然后慢慢爱上这个岗位。如果后来发现不合适，还是有调换的机会，但华为并不鼓励员工频繁地更换工作岗位。华为鼓励员工“干一行，爱一行”，在干的过程中逐渐产生兴趣，最终成为那一行的专家。

对于基层人员，华为注重他们专长的培养。华为对基层主管、专业人员和操作人员，实行岗位相对固定的政策，并提倡“爱一行，干一行；干一行，专一行”的工作态度。

为了提高基层人员的专业水平，1997年，华为让两百多名硕士到售后服务系统去锻炼。华为认为，跨世纪的网络营销专家、技术专家需要从现场工程师中选拔；另外，凡是到现场的人，其机会和待遇可能会更好。一年后，这些人有的分流到其他岗位上去，有的留下做了维修专家。他们有实践经验，在各种岗位上进步很快，从而推动了新的员工进入这种循环。

华为要求每一位员工，要对自己从事的这一行热爱、精通，如果条件许可、充沛精力，还可以去多了解一些与工作相关的其他业务的运作状况与技能。但是华为不需要“万能将军”，需要的是专家，而不是“万金油式”的通才。

华为的用户板测试组，坚持数年如一日地盯着一个块板，最终产生了巨大的成绩。还有那些焊接专家、插件专家、线缆及机框组装专家、包装专家、货运专家、仓库专家、打字专家等，一起组成了华为这个极富战斗力的联合兵团。

如果在炮兵团中，人人都是全面手，什么都会一点，但就是“炮”打不准，这样的炮兵团又有什么战斗力呢？华为如果充满了这种“万能将军”，非垮不可。

人只有热爱自己的工作，才能静下心来，全身心地投入钻研，才会成就自己。只有踏踏实实地工作，才能在不断的实践中看出破绽，产生新的突破。历史经验告诉我们，只有长期不懈地坚持做事，才能由量变引起质变，最终创造奇迹。

在华为，那些踏踏实实工作的员工会获得更多的机会。华为希望每一位员工都立足于本职工作，有所作为。对于那些一心想做大事但本职工作却没做好的员工，华为并不需要，华为希望给那些敬业的员工更多的成长和发展机会。

1999 年，任正非说：“我们要创造更多的机会，给那些严于律己、宽以待人，对工作高度投入，不断追求进步，时而还会犯小错误和不善于原谅自己的员工。只有高度投入、高度敬业，才会找到改进的机会，才能找到自身的发展路径。敢于坚持真理，敢于讲真话，敢于自我批判，在没有深刻认识事物的时候不乱发言、不哗众取宠的员工是我们事业的希望。”

看看那些不能脚踏实地工作的人，大多不切实际，既脱离现实又脱离自身，总是抱怨这个埋怨那个，总觉得周围的一切都与他为难。他们不屑于周围的一切，也不能正视自身的问题，不知道自己有什么缺点，根本就没有自知之明，不清楚自己到底有多大的能力，能干哪些事情。

所以，在工作中我们必须认清自己的身份、地位、能力，清楚自己能把哪些工作做好，哪些工作是经过努力之后可以做到的、哪些工作即使自己非常努力也无法做到。没有一个老板会喜欢雇用一个工作三心二意、业务一塌糊涂的职员。

当一个人学会不抱怨、努力做事，成功必定会向他招手，正如任正非所说，机遇偏爱踏踏实实的工作者。

以奋斗者为本，长期坚持艰苦奋斗

我每天工作16小时以上，自己没有房子，吃住都在办公室，从来没有周末和假日。每周只工作40小时，只能产生普通劳动者，不可能产生音乐家、舞蹈家、科学家、工程师、商人。

——任正非

华为创立30年以来，始终坚持“以奋斗者为本，长期坚持艰苦奋斗”，大家力出一孔，利出一孔，在将华为推上世界之巅时，华为员工的收入也成为大众津津乐道的话题。2017年，一条华为员工人均年薪差不多70万元的消息震惊了外界。大家在猜测的时候，一位华为员工内部的留言——“虽然我们睡得少，但是我们挣得多啊”，坐实了华为员工高收入的事实。但这高薪的背后，是华为人一直以来的艰苦奋斗。

同样都是人，为什么华为人能这样吃苦、这样拼命呢？一位从华为离职自己创业的员工深有感触地说：“在华为工作和创业一样累，但是赚的钱比当老板还要多。”因为“挣得多”，即使“睡得少”也值了。

有竞争力的薪酬、巨额的年终奖、人人持股分红，这些激励办法让数以万计的华为人，都愿意把自己的努力换成钱，都愿意“长期坚持艰苦奋斗”。除此之外，华为长久以来的“艰苦奋斗”文化，也让华为人自觉地奋斗着。

新人从加入华为开始，就被有意识地培养艰苦奋斗的精神。军训时员工要5点起床，穿着短裤短袖跑圈，然后火速去食堂吃早饭，再一路狂奔回宿舍冲洗换正装，在8点之前赶到大学培训中心学习华为的企业文化、信息安全等内容。两周之后，华为将举办一场辩论赛和文艺会演，为了准备，员工基本每天都要排练、改稿到深夜。

培训完走到实习岗位以后，员工就开始了加班的历程。老一辈的“床垫文化”影响着华为的新员工。在华为内部，还有流传下来的“三招”，让华为员工将无论醒着还是睡着的时间都交给了公司。

第一招是断网。在公司不能上外网，接打非工作电话不能超过5分钟，大家午休前唯一的娱乐就是看行政服务之窗。

第二招是午睡。每个人的办公桌底下卷着铺盖，午饭过后，拉上铺盖，关灯，大家相邻而眠。午睡可以让员工下午精力充沛，让员工有精力在晚上加班。

第三招是黑布鞋。在华为的办公室，大家都是黑衣黑裤黑布鞋，完全不用在穿衣上面花费太多的时间，这样能让员工把心思花在工作上。

任正非说过，技术很快就会过时，财富也不可能买到一切，各种资源也都有一个限度，但是只有艰苦奋斗的品质永远不会过时，它也永远是提升工作效率和促进企业发展的重要保障。

当需要加班时，我们大多数人会抱怨，会考虑有没有加班费，我们的劳动有没有报酬。但是，我们忘记了一点，当我们比别人多花一点时间在工作上，就意味着我们比别人多做了一点工作。虽然这多出来的一点工作看起来毫不起眼，但是如果能坚持每天多做一点，坚持一段时间之后就会发现，自己已经比别人多做了很多工作，多学会了很多知识，这是自己的无形资产。这也会形成自己的个人优势，而且因为这个优势，可能会更容易受到上司的青睐和重视。

不要太在意目前的付出和收入的比例，把眼光放长远一点，那些学会的知识，那些个人的优势，终将带给自己回报。站得高才能看得远，当学会了不再在意眼前的得失，那么将能以未来的眼光看待当前的行动，就不会再纠结回报，这样便会坦然地付出。

在工作中如果遇到了一些困难，不要觉得麻烦，也不要刻意去回避，这样将错失让自己成长的机会。当面对困难时，我们要主动面对，积极寻找解决办法，这个方法不行，那就换一个办法再去尝试。敢于主动承担责任、敢于主动接受更大的任务，那么得到锻炼的机会就越多，受到重视与提拔的机会也越多。

每个老板都喜欢那些帮自己解决问题的人，就像在战场上，每个将军都喜欢那些勇往直前的士兵一样，没有哪个将军喜欢那些躲在后面裹足不前的士兵。普通士兵想要获得将军的认可，只有奋勇杀敌。而普通员工想要做出成绩，获得领导足够的认可和回报、获得更好的发展空间，最好的方式就是努力奋斗。员工可以通过艰苦奋斗的精神，来赢得企业的尊重、赢得上司的信任和关注。

华为在任职资格、干部培养和人才选拔方面，政策倾向于那些奋斗者、奋斗地区的员工，以及来自奋斗团队的员工。华为会把有奋斗经历的员工作为提拔对象，对那些有奋斗价值观的员工进行加薪。在制度层面上，华为把这些奋斗者和一般劳动者区别开来，保证让奋斗者有高价值的回报，让奋斗者不掉眼泪。

华为要求不管是干部还是员工，都要以奋斗的行为去践行公司“艰苦奋斗”的核心价值观。任正非说：“我们鼓励员工高薪，鼓励员工高收入，鼓励员工为家庭创造好的生活环境，但必须要求你从行为、思想各个层面体现出艰苦奋斗的精神。”

像狼一样拼尽全力

我觉得一个企业要想壮大，必须具有狼最显著的三大特性：一是敏锐的嗅觉，二是不屈不挠、奋不顾身、永不疲倦的进攻精神，三是群体奋斗的意识。

——任正非

1987年，任正非因工作失误，导致公司200多万元的货款收不回来，最终大国企的铁饭碗也丢了。因为这件事情，没有公司愿意再聘用他，被逼无奈，已经40多岁的任正非和朋友一共筹集了2万多元，开始走上了创业之路。

在创建华为、决定进入通信行业的时候，任正非也是被逼着往前冲的。那时通信行业的竞争非常残酷，电信公司的命运不是发展就是灭亡，没有任何退路。为了在电信行业生存下去，任正非拼尽了全力。正是因为任正非这种拼尽全力的精神，华为才有了今天的成就。

华为人像狼一样拼尽全力、不屈不挠、不达目的誓不罢休的精神，体现在很多方面。当年为了与爱立信争夺黑龙江的销售市场，华为不计成本地投入大量的人力和物力，甚至派出人数多过竞争对手十余倍的技术人员，在每个县电信局展开肉搏战。这样哪里出现了问题，华为人都可以立即赶到现场。为拿下一个项目，华为会花费七八个月时间，不去计较与回报不符的投入，这样拼尽全力的做法，终于让华为从跨国巨头手中抢下了客户。

当华为超越爱立信后，爱立信的一名业务经理感叹道："我们输给了一群更富有战斗意识的人，他们在工作中拼尽全力。"

在华为的快速扩张中，华为人常常夜以继日地工作，他们牺牲节假日，把休息的时间都投入到工作中，不知疲倦地工作着。为了开拓业务，华为开始走出国门，那时国外没有人听说过华为，常常是一个人在几个国家来回转悠，标书投出去了，但是一直没有单子。即使这样，华为也没有放弃走出去的行动，一直坚持不懈地寻找各种机会。当你用尽全力的时候，整个世界都会为你让路。终于在 1999 年，华为在越南和老挝两国的招标中中标了。

华为早期形成的像狼一样的拼命精神，已经成为了华为的一种企业文化，熏陶着后来的每一个华为员工，他们始终保持着强烈的竞争意识，只要一投入工作，就拼尽全力，不完成任务决不罢休。在他们的眼中，除了完成目标，其他的都不重要。

2005 年，华为的一个项目实施得很缓慢，基站建设面临的困难重重，客户已经完全失去了耐心，为了完成目标，公司派孙某为项目总监，让他无论如何都要挽回局面。孙某在去基站的路上遇到了交通大拥堵，为了尽快赶往基站，孙某果断弃车步行 40 多千米，当他赶到基站时，全身的衣服都湿透了。但是他顾不上休息，马上投入到工作中，与客户沟通，推动项目进展，赢得了客户的尊重。

正是因为孙某团队的不懈努力，解决了客户的问题，赢得了客户的信任，也很好地诠释了"华为的一切都是为了客户"这一服务文化。无论服务过程中有多么难以想象的困难，华为员工都会毫不犹豫地坚决完成。

2018 年 2 月，有媒体报道称华为终端董事长、消费者业务 CEO 余承东将于 3 月卸任，去负责云服务部门，余承东则通过其个人微博发文道："飞机刚落地，看到自己又被转岗了，感谢朋友们对华为终端的关心和关爱，服务消费者还未拼尽全身力气，岂敢先溜。”这样的回应，估计也只有华为这帮狼一样的员工才会想到吧。

很多时候，面对竞争，人们首先会想到自己的不利之处，觉得自己公司的名气没有别人的大，觉得自己公司的产品没有别人的好，觉得自己公司的产品价格没有优势，觉得公司给自己的支持太少，觉得自己的能力不行，觉得自己公司的技术也不行，自己肯定没有任何希望打败对手，从而在竞争中显得太保守、太柔弱，给别人的感觉就是畏首畏尾，缺乏勇气和气势。其实那些都只是自己给懒惰找的借口，只是懒得去拼命而已。

如果下定决心无论如何都要取胜，用尽自己全部的力量，之后会发现事情根本就没有想象的那么糟糕，一切都还有转机。就像当年的爱立信和华为，两个企业根本不在一个等量级上，但是最后的结果说明：只要拼尽全力还是会赢的。

在工作中，面对困难，不要总去想那些不利于自己的一面，不要总想那些自己没有或者做不到的事情；要想自己拥有的、自己能做到的事情，然后从自己可以做到的事情入手，去解决困难。

人们有时会觉得自己受到了不公平待遇：有人总是能够获得更好的任务；有人容易获得老板的重视；同时进公司的，别人总是要比自己更容易获得提拔；在竞争中，自己总是落败的那一方。这时，应该好好想想，每次真的全身心投入了吗？自己真的尽力了吗？如果没有，那以后就像狼一样用尽全力试试吧。

职场的拼杀是很残酷的，只有像狼一样拼尽全力才能在职场中站稳脚跟，才能为自己争取到更多的生存空间和生存机会。保留、迟疑、畏缩、恐惧、不经心都可能会导致失败，甚至给自己带来灭顶之灾。只有保持拼命精神，才能生存下去。正因为如此，在工作中，一旦确定了目标，无论遭遇什么困难，都应像狼一样拼尽全力去完成目标。

“板凳要坐十年冷”

> “板凳要坐十年冷”，理论基础的板凳可能要坐更长时间。
>
> ——任正非

任正非说，高科技领域最大的问题，是大家要沉得下心来，没有理论基础的创新是不可能做成大产业的。“板凳要坐十年冷”，理论基础的“板凳”可能还要坐更长时间。搞科研，人比设备重要，理论基础扎实的人可以用简易的设备做出复杂的科研成果，而头脑简单的人即使使用先进的设备也做不出什么来。

任正非还在多个场合表示，为了维护“以客户为中心”的价值观，要摒弃一些急功近利的想法，不要总想着推出什么颠覆性的技术，他说：“我们不要急于将新技术过快地推向市场，我们要有战略耐性，可以后发制人。我们一直在窥测客户需求的方向，我们并没有“怠惰”，就像一只猫，弓着身子，直到市场机会成熟。我们不会麻木到等机会出现还不行动。同时，要研究如何保护客户的投资，物尽其用，不要尽想颠覆。”

其实在 2015 年，华为的 4G 技术已经走到了世界领先的位置，5G 预研也已经进入了早期实验阶段，但是这时市场还不成熟，4G 商用还没有发挥出最大的价值，如果这时华为为了自身的利益，急急忙忙推出 5G 技术，不但无法取得产业链的支撑，更会对客户造成比较大的麻烦。任正非表示，将科研成果转化为商用价值要耐得住寂寞，“板凳要坐十年冷”，特别是基础研究。

科技行业的发展不是短时间就能成功的，现代很多科技的想法在几十年前就诞生了。这些东西在那时看来可能是疯狂的，但是经过不断累积之后，实现了由量变到质变。就像微信，其语音通话功能基本取代了电话，这样的想法在20年前就有了，不过那时Skype开创的这个功能被视为异端，但是十几年积累下来，前期的“冷板凳”终于厚积薄发了。

企业如此，个人也是如此，尤其是那些做科学研究的人员，他们既要有仰望星空、紧跟时代的格局与胸襟，也要有坐“冷板凳”的耐力与能力。

1998年，一位电力电子专业的博士被华为安排去与从事电磁元件相关的工作。当时这位博士生觉得自己堂堂一名博士，应该去干大项目，结果却被派去做那么不起眼的工作，于是感觉自己不被公司重用，不过当时还是服从领导分配了。

这名博士随着工作中的体验，发现电磁元件虽然小，但是里面有着很大的学问，是当时公司电源产品中的核心部件，有着非常重要的作用。于是就静下来开始研究。正好当时华为的电源产品不稳定，频频出问题，给华为带来了巨大的损失。

后来经过分析发现，这些故障中有40%是由某种电磁元件的问题引起的。于是华为让该博士寻找解决方法，经过60天的日夜奋战，他终于解决了这个问题。后来该博士感叹道，如果之前没有去坐“冷板凳”，他就不会去潜心研究电磁元件，也不会解决公司的问题。

很多人在一开始就想干大事，看不起那些小事，最后的结果大多是小事不愿干、大事也干不好，最终在那些不起眼的小事面前束手无策。《华为人报》在1996年就发表过一篇名为“板凳要坐十年冷”的文章，提倡华为员工要老老实实地做学问，要有坚定不移的精神，要有跟随社会进步与市场需求的灵活、机动的战略与战术。

虽然成功需要锐意进取，但也离不开积淀；虽然创新需要滚烫的热血，但也有赖于冷静的头脑。再高远的目标也要落实于细密的探索，再深邃的思想也须植根于日常的观察。不管做什么工作，都要明白“欲速则不达”的道理。特别是在一些比拼速度的创新领域，如果只是一味地追求“速成”，结局反倒是“速朽”。所谓“人向静中忙”：越是等不起，越要坐得住；越是慢不得，越要沉住气。如果缺少“板凳要坐十年冷”的精神，万万是不行的。

无论从事什么工作，都要花费大量的时间和精力才能做精、做透，只有保持足够的专注度才能做出一点成绩。“千里之行，始于足下”，没有前期一点一滴的累积，就没有后期耀眼的成果。有不少人想投机取巧，想在短时间内获得突破，结果往往是失望。有人耐不住寂寞，坚持一段时间后就放弃了，最后只能眼睁睁地看着别人成功，感慨：“如果当时我也坚持下去就好了。”

人只有经受住历练才能成长，而坐“冷板凳”则是最好的历练。“冷板凳”不仅磨炼了员工的耐心，还能让员工在“冷藏”中学会思考，对于那些没有耐心或者意志不坚定的员工来说，正好可以考验他们的工作态度。任何公司都不喜欢频繁跳槽的人，因为这样的人缺乏规划与耐心。

“冷板凳”往往要坐很久，与其在抱怨中坐“冷板凳”，还不如想办法不断提升自己的工作能力，不断改进自己的工作方法，从而增加自己的竞争力，提高自己的地位和价值，让自己成为那个不可或缺的员工。

我们看看那些在某一行业取得成就的人，无一不是不慕名利、甘于寂寞的人，他们也都是会坐“冷板凳”的人：小麦育种专家王辉，40年来一直与土地为伴，为了看到麦子的“神”，在田野里一坐就是一整天；“两弹元勋”邓稼先埋名戈壁数十年，常年风餐露宿，“用最原始的办法”破译原子弹的奥秘……正因为坐得住、坐得稳“冷板凳”，才走通了别人没有走通的路，翻过了别人无法翻越的山。

“板凳要坐十年冷，文章不写半句空”，让人们抛开功名利禄，踏踏实实地把自己的工作做精、做透。

只有“不要脸”的人，才能获得成功

面子是无能者维护自己的盾牌。优秀的儿女，追求的是真理，而不是面子。只有“不要脸”的人，才会成为成功的人。要脱胎换骨成为真人。

——任正非

中国人向来爱面子，面子已经影响了人们的生活方式、工作方式。为了面子，会去自己并不喜欢的单位上班；为了面子，借钱也要买一些名牌的包包装饰自己；为了面子，常常做一些有违内心的事情。你会发现，越是地位高、权力大的人，越喜欢用面子去决定事情，这是非常危险的。

其实，更多的时候，面子只是一个空洞的符号，除了满足一下虚荣心之外，毫无实际用途，并且还会给我们带来很大的负担。华为人认为，如果一味地看重面子、保全面子，则无法保证自己能全心全意地投入到各项工作中去。而真正能够保证工作效率、保证目标顺利完成，靠的并不是面子，而是个人的能力和内涵，这些才是成功的保障。

2009 年，一位年仅 29 岁的姑娘成为华为越南区的 CFO（首席财务官），当前任 CFO 带着她去见越南代表时，越南代表明显表示出了不信任，并且还当面对前任 CFO 说：“虽然你们两个交接了，但是越南代表处有什么问题，你一定要管啊！”这句话的潜台词就是他觉得新任CFO无法胜任工作。这在很多人看来是很丢面子的事，但是这位姑娘没有说什么，只是想以后要凭借实力证明自己。

后来，在越南代表处述职时，这位姑娘的财务述职被放在了最后，因为前面几个主管的拖延，轮到她时已经有点晚了，大家也都饿了，本来大家都没兴趣，又饥肠辘辘，很多人表现得有点不耐烦。但是这位姑娘没有顾忌那么多，没有因为大家饿着肚子就草草了事，而是按照之前的准备讲了下去。后来这位姑娘的财务述职报告受到了地区总裁的认可，她也在随后的晚宴上被请到了主桌就坐。

为了更多地了解越南的情况，这位姑娘厚着脸皮去参加代表处的ST（Staff Team）会议，哪怕没有被邀请，没有人发通知给她，她打听到时间和地点后，就提前去会议室等着。

面对其他人的愕然和不解，还有脸上明显的不欢迎表情，她只是简单解释到，自己只是想多了解业务，对财务工作有帮助。次数多了，大家也就习惯了，从此她凭借厚脸皮，在ST会议上争取到了一席之地。

通过在ST会议上了解的业务知识，这位姑娘后来提出了很多切中要害的经营管理策略，全方位提升了该地区经营质量和管理水平。

2013年，在M国拿下十几亿美元的大单时，这位姑娘不怕成为“罪人”，坚持主张高于友商的报价，当然这个坚持是因为姑娘清楚华为有绝对的优势，从而为华为争取到了利润空间。其实当时这位姑娘已经接到调令，要回总部任职了，她完全可以说“YES”，这样还不得罪人，也不用背负骂名，但是她没有那么做，她的观念是：有时候坚持了正确的事，得罪人又何妨？

这位姑娘没有因为自己的面子而退缩，而是丢掉面子，用努力和实力为自己赢得了尊重和机遇，一步步走向更高的职位。其实面子永远是虚的，如果重视面子，可能变得不知进取，不懂实事求是；一旦重视面子，那些自己能做的可能都不会再做，而那些自己不能做的却偏偏去逞强做，最后什么也没做成。

在工作和生活中，有人常常因为面子问题，让那些没有达到要求的事项通过，这对企业和个人来说，都是一种伤害。想要杜绝这种因为面子而造成的伤害，关键就在于严格遵守内部制定的各项规则，严格按照规则办事。如果因为面子擅自打破规则，那么以后所有的工作都将变得无序，执行力也会变得越来越低。这就是很多家族企业存在的弊端，家族成员因为面子问题，使企业在发展到一定阶段后很难再做大。

在工作中，有人常常因为害怕丢面子而错失机会。就像项羽，因为无颜面见江东父老而在乌江自刎，从而丧失了东山再起的机会。如果项羽能做到兵败志不坠，或许又是另外一种结局。越王勾践失败后没有逞强，他能丢掉面子卧薪尝胆，从而给自己赢得了一个反败为胜的机会。

华为从最初的 2 万多元起家，到现在的销售额达 6 000 亿元，并且在国外的市场占很大的份额，这与其不顾面子是分不开的。其实，华为刚进入欧洲市场时，被欧洲人当作一家骗子公司，不给半点机会，但华为没有放弃，而是凭借一股韧劲，最终成功进入欧洲市场。有的企业在遭遇挫折和失败后，害怕被人嘲笑，为了面子干脆就放弃了。

在工作中，有人明知自己犯了错，却害怕承认错误，最终选择掩饰或者装作无知，从而失去了进步的可能；在竞争中，有人害怕伤了和气，从而选择主动隐忍、退让，从而失去了前进的机会。有人积极、努力、进取，却害怕别人说自己利益至上，从而放弃了追求更好生活的目标；有人担心被人拒绝而伤了自尊，从而选择闭口不谈，最终白白错过了大好的机会。有的人放不下面子，不愿向别人请教问题，从而很难获得进步。

人们因为面子而错失了很多，虽然事后后悔，可是时间不能倒流。为了以后不再犯同样的错误，该不该放下面子呢？华为人认为，放下面子的关键在于放低姿态，改变过去高高在上的工作态度。

首先，要懂得遵守规则，做好管理和约束工作，不要将个人的感情和权力凌驾于规章制度之上。华为人认为只有把遵守规则放在第一位，才能有效地减少和避免面子问题。

不要太把自己当一回事，也不要总认为自己是团队中不可或缺的角色，不愿意屈服于别人之下。我们要学会以平常心来看待自己、看待自己的职位和权力，然后平等地对待和尊重他人，只有这样才能获得他人的认同。

其次，在工作中不要害怕错误和失败。如果自己做错了事，就要坦然承认错误，然后快速纠正。要明白，面子只是一时的，而错误如果不能改正就会永久存在，这将对今后的工作产生不良影响。同时，刻意掩饰错误将会影响自己的个人形象，降低别人对自己的信任感。

面子并不是那么重要，能够按照自己的意愿、按照实际情况向着目标前进，能够保持信心和耐性，一步步渡过难关，才是成功者必须具备的特质。当一个人能够不顾面子去做事情的时候，他就成功了。

尽心与尽力是两回事

尽心与尽力是两回事。一个人尽心去工作与尽力去工作，有天壤之别。要培养一批用心的干部，用心的干部即使技术上差一点也会赶上来，因为他会积极开动脑筋、想方设法去工作。

——任正非

经常听到有人抱怨，我每天都在努力工作，为什么领导却不认可我呢？那你有没有反思一下，自己在工作时只是尽力而没有尽心呢？你只是听了领导的安排，然后负责任地去做，至于这份工作能不能做好则没有想过。可能有人会说，这又有什么区别，反正我已经尽我的最大努力了，做不好也不关我的事？

当年埃及修建金字塔时，酋长先派第一组人去修，这些人兢兢业业，铺石搭路。最后，需要将石头搬到金字塔塔顶时，第一组人想尽了办法，就是运送不上去，于是跟酋长说："我们尽力了，实在没有任何办法了。"

于是酋长只能另外再派第二组人去，第二组人一开始也试遍了第一组人的办法，但是石头依然运送不上去。这时，第二组的组长想："既然依靠人没法把石头运上去，那么我们可不可以依靠其他的工具呢？"于是他鼓励大家一起想办法，集思广益，终于想到用类似滑轮的办法把石头运送到了塔顶。

从中看出，第一组是在尽力做事，虽然兢兢业业，但是让人很累，而且不能突破现有技术；第二组是在尽心做事，显得轻松，且事半功倍。问一下自己，你现在是在尽力工作还是在尽心工作呢？

2011 年，任正非根据华为的基本情况将公司职员划分为三类：第一类是普通劳动者，第二类是一般奋斗者，第三类是有成效的奋斗者。对于普通劳动者而言，他们的想法很简单，就是为了赚钱养家，工作上他们通常只是做好自己该做的事，只做一些上级吩咐必须做的事情；对于一般奋斗者而言，他们的工作积极性比普通劳动者要高一些，想法也会多一些，工作中也能尽力而为；对于有成效的奋斗者而言，他们的工作主动性和积极性都最高，对于工作，他们能全身心地投入，他们是真正地用心、尽心工作。

将一般奋斗者和有成效的奋斗者放在一起进行对比就会发现，二者之间的区别不仅仅在于他们的工作效果，还在于他们对工作的投入程度。华为的大多数员工，可以称得上是精英，他们在学识和能力上的差异其实并不明显，但是工作成果却有很大的差别，主要原因就是他们工作时的专注度和投入度不同。一个专注度和投入度更高的员工，往往能够创造出更大的价值。

任正非把员工这种专注度和投入度上的差别，称为尽心与尽力的差别。其实这也是很多企业员工都会存在的问题。当领导询问“有没有把握做好这件工作”时，大多数员工的回答是“尽力而为”。“尽力而为”听起来非常敬业，其实这是一个逃避责任的回答，因为尽力究竟到什么程度，谁也说不清楚。所以这个员工到底是否倾尽了全力，谁也不知道。

其实，“尽力而为”的潜台词就是“我的能力只有这样，所以我只能做这么多”。尽力工作听起来还不错，但仔细想想，尽力实际上是一种自我设限的行为，只根据自己的能力去做事，更多地表现出一种宿命感。

但是“尽心”的潜台词就不同，它的意思是“我一定会完成任务，而且还要做得更多、更好”。对于尽心去工作的员工，哪怕能力差一点、技术差一点、困难多一点，他们也会全心全意地投入工作之中。尽心工作表现的是一种积极负责的态度，尽心工作的员工会对自己的工作目标负责，会发挥出自己所有的力量去完成工作。

那些不想执行任务或者害怕失败的员工，或者不想浪费太多时间和精力的员工，通常会用“尽力而为”来敷衍，他们不愿直接告诉领导“我一定会完成任务”，因为这样自己就没有回旋的余地了。在这种情况下，任何一个领导都会重新考虑一下，是不是要将这个任务交给对方。这对于以后的升职加薪，可能会更加困难了。因为只是尽力工作的员工，无论其专注度、积极性、耐性，还是克服困难的决心、完成工作的欲望、想要做到最佳的想法以及责任感，都会比尽心工作的员工差很多。

大多数时候，人的能力值如果是 1，那么在工作中只是尽力的员工，原本想发挥出 1 的能力值，结果通常只能发挥出 0.8 的水平。而对于那些尽心工作的员工来说，哪怕他们的能力值达不到 1，他们也会想方设法激发出自己的潜力，甚至能达到高于 1 的工作水平，所以能够把工作做得更好。

那些尽心工作的人，常常会在工作中突破自己，创造奇迹，也给公司带来好的业绩，这样的员工往往更容易获得赏识和重用。因为企业需要不断发展，不断前进，不断获得突破。一个总是给自己设限、不愿主动突破的人，是不会给企业的进步带来多大帮助的，他们只是在原有工作上不断地重复；而那些尽心去工作的人，因为对自己的工作足够负责，会不断地突破自己，也会给企业的进步带来很大的帮助。

曾经，任正非去朗讯公司的贝尔实验室进行考察，当时让他印象最深刻的不是高科技产品，也不是那优越的研发环境，而是那些疯狂投入的研发人员。那些研发人员不顾一切地投入工作，已经达到了忘我的境界，可以说是“走火入魔”了。虽然华为也有很多人在尽力地工作，但是很少有人像那些研发人员那样忘我，他们才是因为热爱而坚持到底的人。任正非当时想，如果华为也有这么多尽心工作的人就好了，这样华为就有持续发展和创新的人力保障了。

1996年，任正非在一次内部讲话中这样说："你要想成为高级干部就得尽心。全心全意与努力是两个概念，尽心做事与尽力做事是两个根本性的概念，思想上艰苦奋斗就是尽心。尽力不是好干部，是中低层干部，尽心才是好干部。"

任正非认为，尽力是一种没有目标性地完成任务，是缺乏责任感的体现。而尽心则是一种态度，说明员工真的将足够的诚意和努力投入到工作当中，证明了员工真的一直在想办法寻求突破，一直都在以完成工作任务为目标。

第六章

华为自我更新法：有危机才有成长，推翻自我才能重塑自我

与对手同行

前二十年我们把很多朋友变成了敌人，后二十年我们要把敌人变成朋友。

——任正非

在这个日新月异的时代，每一天都有若干企业兴起，也有若干企业倒闭，每一个行业都在面临着新旧交替和信息技术发展带来的商业变革。在飞速发展的时代，一个人也许可以走得很快，但是只有一群人才能走得更远。这个时代需要大家不断地打破壁垒，进行思想碰撞，一起去创造奇迹。

华为和中兴是几十年的老对手了，从国内手机市场、通信设备的竞争，到国外的竞争，从来没有停止过。如果得知对手正处在最虚弱的时候，相信大多数人会选择给对方以沉重的打击。但是在中兴被美国制裁的时候，华为没有落井下石，任正非还表示："严禁华为对中兴落井下石，不许去搬迁中兴的设备，不许挖中兴的人，如果存在这样的事情，华为将会严厉处罚。"

虽然华为和中兴一直都是竞争的关系，但是没有竞争就不会成长，所以竞争并不意味着就是仇人！没有竞争，整个行业将会是一潭死水，只有有了竞争，大家才能更快地发展。大家在竞争中可以互相提升自己的实力，共同进步。从更大视野来看，商业世界其实是一种共赢的文化，只有共同把蛋糕做大，才能实现多赢。小的成功靠朋友，大的成功靠对手，竞争有时候也能创造双赢的局面。

任正非在2010年的《以客户为中心，加大平台投入，开放合作，实现共赢》一文中说："我们一定要理解'深淘滩，低作堰'中还有个'低作堰'。我们不要太多钱，只留着必要的利润，只要利润能保证我们生存下去。把多的钱让出去，让给客户，让给合作伙伴，让给竞争对手，这样我们才会越来越强大，这就是'深掏滩，低作堰'。"

但是企业毕竟不是慈善机构，有时为了让自己活下去，其他的企业就可能会倒闭，因此任正非说："华为的发展壮大，不可能只有喜欢我们的人，还有恨我们的人，因为我们可能导致很多个小公司没饭吃。我们要改变这个现状，要开放、合作，实现共赢，不要一将功成万骨枯。比如，对于国家给我们的研究经费，我们不能不拿，但是我们拿了以后，是否可以分给其他需要的公司一部分，把恨我们的人变成爱我们的人。前二十年我们把很多朋友变成了敌人，后二十年我们要把敌人变成朋友。"

华为和思科之间的关系就印证了任正非的这句话。20世纪90年代末期，华为曾经打败了在中国独霸的思科，在接入服务市场获得了60%以上的份额。在这种情况下，思科的总裁约翰·钱伯斯希望能够与华为在路由器产品方面进行合作，但条件是将中国市场中低端产品的生产交给华为，使华为放弃在高端产品上的研发。华为拒绝了思科的建议。

随着华为的快速发展，约翰·钱伯斯不得不把华为从"搅局者"转变为"竞争对手"。因此，当华为在对北美市场展开强势进攻的时候，受到威胁的思科通过知识产权诉讼予以反击。这次打击是华为在国际化路程上遭遇的最大打击，因为如果华为败诉，那么其在北美市场的合法地位将被彻底颠覆，华为多年来占领的国际市场将会丢失。

不过令人庆幸的是，华为经受住了这次打击，官司打了半年，虽然华为在北美市场的发展速度受到了影响，不过思科无法找到华为在知识产权方面的漏洞，如果再继续下去对双方都没有好处，于是思科最终撤销了对华为的控诉。

当时思科的做法对华为造成了巨大的损失。不过18个月后，思科总裁约翰·钱伯斯来华为访问时，任正非仍给予这位多年的"夙敌"最高规格的接待。在深圳华为总部，两个人纵声大笑，紧紧地将手握在一起，就像过去双方在中国市场和世界其他地方进行的近10年的搏杀从来没有发生过一样。

华为正是凭借这种"大国气质"赢得了众多竞争对手的尊敬。2009年，欧盟拟对华为进行反倾销制裁，在征求爱立信、诺基亚、西门子的意见时，它们都表示反对。在这些竞争对手看来，华为是一个"值得尊敬的对手"，它们和华为在市场、产品、技术方面是你中有我、我中有你的关系，既是竞争对手又是合作者。

任正非说："我们的分享制，从二十多年来对资本与劳动的实践分享，逐步扩展到对客户、供应商的成功分享。同时，与领导这个世界的先进公司合作共同制订标准，一起为社会做出更大贡献。"

华为分享制的一个显著特点就是包容性，既要给足客户、员工利益，也要给足资本利益，给足各种要素（如知识产权）的利益，还要与竞争对手一起分享利益。

2014年任正非说："我们从事的是世界上最尖端、最艰难的产业，要有学做世界领袖的心态，要学会给竞争对手分蛋糕，要学会树立公共秩序。"

高端产业的健康发展不是一家称霸就能做到的，是需要对手共同维护的。只有大家一起努力发展，才能形成一个良好的竞争局面。那些总是想着要称霸世界的枭雄，最终会灭亡。

有对手不可怕，对手强大也不可怕，可怕的是在竞争中自己怎么做、把对手放在什么位置。如果愿意与对手同行，就多了一个朋友，前进的路上也多了伴侣。与其打败对手，不如与对手同行，在发展的路上相互学习、共同成长。

对手是一起成长的伙伴

> 无论将来我们如何强大，我们谦虚地对待客户、对待供应商、对待竞争对手、对待社会，包括对待我们自己，这一点永远都不要变。
>
> ——任正非

从前有个僧人觉得，想要很快被别人发现自己的才华，应该去山中偏僻的小寺庙，于是他就来到了一个小的寺庙。寺中的师父为了开导他，把他带到一座山头，他看见这个山头的树木稀疏，只有零星的几棵树。师父指着其中一棵最高大的树说："你看，这棵树是这里最高大的，但是它能做什么呢?"僧人看到那棵树又短又扭曲，就答道："只能当薪柴。"

然后，师父又把他带到另一座山头，那里有一片郁郁葱葱的树林。师父说道："这片树林里，每一棵树为了能够争取到更多的阳光和雨露，都在奋力地向上生长，于是每棵树都长得挺好，成为了栋梁。而那边山头，本来有足够的生存空间和资源，但是因为没有树和它们竞争，最后只能成为薪柴。"

僧人听完师父的话，认识到了自己的错误，于是打消了到小寺庙的念头，最终成为了一代高僧，他就是我国著名的玄奘大师。

人们生活在这个世界上就像一棵树，只有在有竞争对手的时候才会更加努力地奋发向上；如果没有竞争对手，很容易就懒散下来，不思进取。想要不断进步，就必须要有对手，对手是最好的成长伙伴。

当年华为将其对手爱立信逼到死角的时候，任正非说，若华为独霸天下，最终会走向灭亡。华为决不独占市场，只是争取服务全球中的一部分。华为要有学做世界领袖的心态，要学会给竞争对手分蛋糕。

华为一向是不惧对手的，但也不希望将对手“赶尽杀绝”，在任正非心里，对手是一起成长的伙伴。因为在前进的路上有竞争对手的陪伴，才不会孤单，才不会走错方向。

如果某个行业形成了一家独大的局面，已经没有竞争对手，那么这个行业就很难再快速地发展下去，没有竞争对手的行业最容易遭遇倒退甚至灭亡的危险。当年中国电信业就呈现了独霸中国市场的局面，结果那些年电信行业没有任何发展。

那时安装一部电话还需要找人托关系，长途通话费为 0.7 元每分钟，月租费固定为 20 元，还经常出现莫名扣费的现象。渐渐地，大家开始对电信行业怨声四起，质疑声也不断地增加，并且出现了行业的信任危机。在这种情况下，政府采取了南北拆分的策略，于是开始出现中国电信、中国移动、中国联通相互竞争的市场格局，通信行业才开始慢慢繁荣。

2004 年，华为与其竞争对手西门子成立了一家合资企业，致力于开发 TD-SCDMA 无线接入网络设备的研发、销售和服务。依靠这项技术，华为赢得了中国电信的国家骨干网优化合同。此项目主要是优化中国电信在广东省的 163 个骨干网络。根据合同，华为的高端路由器 NE5000 获得了 TSR 采购合同 100% 的市场份额，成功地进入了国家骨干网的超级节点。同时，华为的 Gbit 交换路由器 NE80 也获得了该项目 75% 的市场份额。

2007 年，华为又与某家公司合作成立公司，用来开发存储产品。与此同时，华为还与 Global Marine 合作成立合资公司，提供海缆端到端网络解决方案。在 2007 年，华为成为欧洲所有顶级运营商的合作伙伴，被沃达丰授予“2007 杰出表现奖”，成为唯一获此奖项的电信网络解决供应商。

华为在自己发展壮大的同时，还能做到与对手合作实现共赢，这样宽大的胸怀，让华为的视野不断开阔，技术不断进步，其发展速度不仅没有受到影响还越来越好。任正非强调："华为跟别人合作，不能做'黑寡妇'。现在我们已经够强大了，内心要开放一些，谦虚一点，看问题再深刻一些，不能小肚鸡肠。我们一定要寻找更好的合作模式，实现共赢。"

对待竞争对手，华为在与其竞争的同时，积极与其进行合作，把对手当作朋友，在朋友的陪伴下，不断地成长，使自己的利益最大化。

不仅企业需要对手，生活中我们也需要对手。不过在挑选生活中的对手时要慎重，因为时间是有限的，生命也是有限的，如果选择了一个低级的对手，就会浪费自己的时间和生命，最后觉得自己不值得。所以一定要选择一个能与自己匹配的对手。

对待对手要尊敬。因为是对手的存在，才激发了自己内在的潜力，让人竭尽全力不断前行，一次次突破自己的极限，从而获得超越自我的力量。大多数人的成功会受到对手的影响：如果成功了那就好好感谢对手；如果失败了也要好好感谢对手，是他让你知道自己的缺陷，便于日后改进。

人们需要对手，当然并不是为了打败对手，对手是一起成长的伙伴。不要把对手当作芒刺，当作与自己争夺资源的敌人。如果没有对手的存在，可能就没有自己今天所取得的成绩。在与对手在不断竞争的同时，自己也在不断成长，这是一种双赢的结局。

如果与对手针锋相对，最终可能的结果是两败俱伤。要学会开阔胸襟，学会与对手共享利益，这样将会获得更加广阔的天地。对手是一起成长的伙伴，在与对手不断竞争的同时，也可以成就最好的自己。

能跟泰森打拳也是一种福气

我们走出国门、走向全世界的时候，什么都不会，不知道什么叫交付，全是请世界各国的工程顾问公司帮助我们。第一步就是认真学习，使公司逐步走向管理规范化。

——任正非

泰森——大名鼎鼎的拳击手，是拳击领域的代名词。如果一个普通的拳击手遇到了泰森，可能会自认倒霉；但是换一个角度来看，能找到世界一流的对手，本身也是一种福气。有机会向一流的对手学习、挑战，虽然结果不一定能赢，但是可以让自己迅速成长起来。此外，既然已经能和世界拳王打拳了，说明自己已经足够强大。

华为的手机，曾经还是电信运营商的定制机，是存话费送的，其品牌根本没有被大众认可。但是现在，华为的手机业务已经占据整个公司业务 30% 以上的比重。

虽然华为手机的成功逆袭与其技术创新息息相关，但是其迅速崛起的另一个原因就是不断地向市场上优秀的对手学习。华为虚心学习市场上优秀对手的一切。

首先，华为学习小米的营销模式。当年小米手机的互联网思维，让其在短短几年内成为中国市场上拔得头筹，于是华为也跟随小米做互联网营销，最终成为优秀的互联网手机厂商，甚至销量一度还超过了小米。

其次，华为学习 vivo 的线下渠道。当 vivo 线下渠道火爆的时候，华为学习 vivo，在全国各地铺设渠道。这样线上线下双渠道的战略，使华为手机最终拿下了中国市场的第一。

再次，华为向苹果公司学习，建立稳定的供应系统。苹果公司每年只会推出两三款手机，但赚取了很大利润，这体现了手机品牌建立生态黏性和服务体系的重要性。

最后，在产品上，华为也在不断地学习，像双摄像头、指纹识别、全面屏等技术的运用，都为华为手机的畅销奠定了基础。此外，华为手机更是把握了一个又一个机会，风口一次没有踏空。华为的原则是一旦确定正确，就马上全力跟进。

面对那些有名的对手，华为没有回避，而是紧紧跟随，以海纳百川的心态学习一切好的地方，努力改进自己的不足，然后寻找机会超越他们。华为以“好学生”的姿态，虚心学习那些优秀企业的优点，终于让华为手机从廉价的定制机，走进了大众的视野，也走向了国际，慢慢迈向高端机市场。

俗话说，孤掌必然难鸣。每一个英雄人物的背后都有一个强大的敌人，甚至是一群强大的敌人。作为一个企业来说也是这样。华为的成功，是在与一个又一个强大的对手竞争中实现的。如果个人也想成功得更快，那就找一个强大的对手吧。

1988 年，美国巴顿中校接受了研制 M1A2 型防护装甲的任务，为了能够研制出性能更高、质量更好的坦克，巴顿中校请来了著名的破坏力专家舒马茨，专门来搞破坏。开始时，舒马茨很容易就炸坏了巴顿中校研制的坦克防护装甲，于是巴顿就去找舒马茨交流，找到能够炸坏的原因，然后在下一次研发中避免同样的事情发生。

就这样，舒马茨一次次破坏，巴顿一次次修改设计方案、一次次更换材料，直到最后舒马茨再也想不出破坏的办法了，巴顿才宣布 M1A2 坦克防护装甲研制成功。直到现在，巴顿的这种坦克防护装甲仍然是世界上最坚固的。

有人问巴顿为什么请舒马茨做搭档，巴顿解释道："因为他最强大，以强手为对手，是让自己成功的捷径，如果成功有捷径的话。"

中国大多数企业喜欢"闭门造车"，虽然这些企业也想成为国际级的大企业，也想和那些国际企业进行面对面的交流。但是，大多数企业却做不到，因为其虽然树立了远大的目标，但仅仅只是树立了一个远大的目标而已。这些企业只会把自己的目标当作无法超越的对手，在远处静静地观望，不会想办法去努力接近。华为却不同，其会努力修炼，会无限接近并超越对手。

任正非可以和众多的国际级、重量级企业家展开近距离的平等对话。任正非可以与前西门子通信集团总裁托马斯·甘斯文特一起畅想两家在中国的 TD-SCDMA 合资公司的发展前景，也可以就西门子准备收购港湾网络进行开诚布公的交谈。任正非还可以与阿尔卡特总裁兼 CEO 詹迈廷在法国的葡萄酒庄园中进行私人聚会，两人一边品尝红酒，一边纵论电信制造业公司的运营，甚至还可以就两个企业是不是应该拓展房地产业务等话题进行激烈讨论。

发展到今天，华为除了思科、阿尔卡特这些重量级的合作伙伴之外，摩托罗拉、3Com 等世界级的企业总裁们也加入了任正非的"老朋友"行列。几乎每一年，任正非都会和他们见面，讨论公司的发展问题。

但是在这之前，这种场景对任正非来说却是一种奢望。任正非不断地从他们身上汲取营养，来壮大华为。随着华为的崛起，任正非越来越被世界认可，他终于能平等地与他们畅谈了。

从一个人交往的朋友中，可以看出这个人的身份和地位；从一个企业的合作伙伴和竞争对手中，往往也能推断出这家企业的实力和价值。从这个角度来说，任正非和华为的确获得了令人吃惊的成长和发展，才得以和这些国际企业的领袖进行平等的对话、竞争、合作与发展。

平静的海面磨炼不出真正的舵手，一个人只有经历过惊涛骇浪，才能成为一个力挽狂澜的舵手。无数市场竞争的实例表明，行业之间的竞争越激烈、竞争对手的能力越强，企业的成就也就越大。如果一个企业没有强大的竞争对手，也就没有一个可以超越的对象，那么企业就很难继续壮大下去。

拥有一个真正强大的对手，是一种非常难得的资源。强大的对手让企业有了努力的方向，有了发展的动力。一个强大的对手，为企业树立了一个学习、赶超的标杆，让企业始终不敢懈怠。

一个伟大的企业，要以能拥有伟大的对手为荣，要有能跟泰森打拳也是一种福气的心态。

企业制胜的秘密法宝就是愿景

> 把一个大的虚拟世界带入到每个人、家庭和组织，就是在构建另外一个更大的新的世界、智能的世界。这是一个走向未来的过程，华为就是作为中间的一个桥梁。
>
> ——任正非

管理学的泰斗彼得·德鲁克在他的著作《企业是什么》中首先提出，管理层必须决定企业所要从事的是什么样的事业，要清楚企业存在的意义在哪里。企业愿景是企业战略家对企业前景和发展方向的一个高度概括的描述。一家企业如果没有愿景，很难想象它能走得长远。

愿景是企业文化的核心，是企业上下员工心中的美好愿望，是从领导到员工对企业未来的美好设想和期望。愿景的存在不是为了眼下，而是为了让全体员工将眼光放得长远，激励大家向美好的未来奋斗。愿景如同天上的北斗星，能够让走夜路的人不会迷路；愿景就像大海中的航标灯，能够为航行的船只提供正确的前进方向。

愿景给企业的发展指明了方向、汇聚了人才，将个人的价值与企业的理想有机结合。这样企业就不再是一群普通劳动者的简单组合，而是一个有着共同理想目标的生命联合体。企业的愿景改变了企业中人与人之间的关系，心灵的团结如同原子弹爆发，释放了每个人的巨大潜力。

一家企业如果没有清晰的愿景，就会陷入盲人摸象、一叶障目的状态；一家企业如果没有愿景，就会人心涣散；一家企业如果没有愿景，就会像一辆没有车头的火车，不知道前进的方向，以至于在行驶途中横冲直撞，险象环生。

企业之间的竞争，说到底还是企业中人的竞争，如果一家企业能拥有激发员工潜力的愿景，那么将会在竞争中立于不败之地。企业制胜的秘密法宝就是愿景。

有一项调查显示，中国企业的平均寿命只有3～5年。为什么寿命会如此之短？原因就是很多企业没能清楚自己存在的目的，也就是那些企业根本不知道自己的愿景是什么。

以前华为的愿景是“丰富人们的沟通和生活”，使命是“聚焦客户关注的挑战和压力，提供有竞争力的通信解决方案和服务，持续为客户创造最大的价值”，并根据愿景和使命确定了自己的战略。

不过到了2017年年底，因为产业发展的趋势，华为的目标已经发生了变化，所以华为的愿景也由过去的“丰富人们的沟通和生活”变为“构建万物互联的智能世界”，使命也相应产生变化。华为为什么要改变自己的愿景和使命呢？

从产业发展的大趋势来看，现在物联网、云计算、大数据、人工智能等新兴技术正在迅速走向规模化商用，5G的商用也越来越近，行业数字化转型正在不断深入，以“万物感知、万物互联、万物智能”为特征的智能社会即将来临。过去华为聚焦的是人与人的连接，现在随着智能社会的来临，华为聚焦到了物与物的连接。

在战略上，华为开始聚焦万物互联的主航道，努力成为智能社会使能者和推动者。于是华为提出了新的愿景——构建万物互联的智能世界。

怎样才能实现“构建万物互联的智能世界”这个新愿景呢？任正非解

释道："把数字世界带给每个人、每个家庭、每个组织，才有可能实现智能世界；把数字世界带给每个人、每个家庭、每个组织，本身就是以客户为中心，让服务更优秀。"

从中看出，个人、家庭和组织是社会、世界的基本构成形态，也体现了华为的主要业务愿景和业务范畴，这也体现了华为"以客户为中心"的核心价值观。

当前，快速发展的世界已经深深影响了每一个人、每一个家庭和每一个组织，新的时代，华为也需要新的愿景和使命。华为轮值董事长徐直军在"2018 华为全球分析师大会"上说："华为作为一家有追求、有理想的公司，作为一家希望成为伟大公司的公司，立志为整个人类的发展做出贡献。"

徐直军还说："华为将持续投资，连接一切未连接，通过人工智能让数字世界和物理世界浑然一体，激发潜能，孕育智慧，构建万物互联的智能世界。"

当前，人工智能影响着各行各业。在"构建万物互联的智能世界"新愿景下的华为，该如何进一步拥抱人工智能技术呢？

对于人工智能，华为的基本定位是使能技术，就是准备把人工智能技术引入华为的智能终端和网络，让华为的解决方案更有竞争力，带给客户更多的体验和商业价值。

在网络方面，华为正在把 AI 注入到 SoftCOM 的架构和解决方案中，从而形成新一代的 SoftCOM AI 架构。通过 SoftCOM AI，构建一个"自动驾驶、永无故障"的网络，用架构性的创新解决电信产业的结构性问题，从而实现电信网络的自动、自治、自愈、自优，进而大幅度提升网络的利用率和行效率。

在手机领域，华为准备把智能手机推向智慧手机，让手机更"懂你"，并拥有更强大的视觉、听觉和触觉，大幅提升用户在拍照、语音处理等方面的体验。

在云方面，华为在 2017 年整合了公司所有面向云的资源，成立了 Cloud BU。Cloud BU 的使命就是做政府和企业数字化的“黑土地”，打造真正的云平台。在华为云上引入人工智能技术，打造了企业的智能 EI 平台。通过 EI 平台，让所有的企业和政府在使用时更简单、更便捷，实现效率的提升和价值的创造。

“面向未来，基于确定的愿景和使命，华为聚焦 ICT 基础设施和智能终端，立志做智能社会的开拓者，全面引入人工智能技术，从云、管、端各个层面提升产品解决方案的竞争力，为客户提供更好的体验。”徐直军说。

一路走来，华为的愿景激励着每一个华为人，相信未来华为在新愿景下会走得更远。

否定自我，才能超越自我

> 要开放，要合作，站在长城上，多抓几朵云。
>
> ——任正非

在老鹰40岁的时候，它的爪子开始老化，无法有效地抓住猎物；它的喙也变得又长又弯，几乎碰到胸膛；它的羽毛这时长得又浓又厚，翅膀开始变得沉重异常，飞翔也越来越吃力。这时老鹰面临着死亡，开始痛苦的蜕变历程。

选择蜕变的老鹰，必须飞到山顶的悬崖上筑一个巢，然后停留在那里，不再飞翔。它用那又长又弯的喙不断击打岩石，直到它的喙完全脱落下来，然后静静地等待新的喙长出来。

接着，老鹰用新长出的喙把指甲一根一根地狠心拔掉。等新的指甲长出来以后，它会把羽毛一根一根地拔掉，每拔一次都是皮开肉绽。漫长的5个月以后，老鹰终于又长出了新的羽毛，又可以在天空自由地翱翔30年了。

如果没有这次痛苦的蜕变，老鹰很难在接下来的日子里生存下去。老鹰如此，人类社会的发展也是如此。在社会中生存，只有不断地更新自己、否定自己，才能不断地完善自我、发展自我、超越自我。每一次的否定，都会迎来超越。

21世纪，全球的运营商都面临着转型，无论是业务规划还是商业模型，都在发生巨大的变革。此外，谷歌、亚马逊、苹果、Facebook等IT新贵的迅速崛起也让人始料不及，其势不可挡的渗透，对传统设备商来说是巨大的挑战。未来市场瞬息万变，电信业、IT产业、互联网业已经难分彼此，华为除了顺势而变别无选择。

华为之前的业务，几乎全是面向运营商展开的，但是随着信息化融合大潮的到来，电信、互联网和媒体融合之势已经凸显，面向企业的信息业务和面向消费者的终端业务蕴含着巨大的商机。而企业客户和终端消费者，非常看重品牌。站在新起跑线上的华为，迫切地需要改变以往的做法。

2010年，华为的销售收入已经接近行业中世界第一的爱立信了，任正非说："我们已经走到了通信业的前沿，要决定下一步如何走是十分艰巨的问题。以前，我们依靠西方公司的领路，现在我们也要参与领路了，我们也要像西方公司那样努力地对世界做贡献。"

2011年，华为再次站在历史的转折点，华为未来10年的最大挑战将来自自身，华为需要重新生长。勇往直前的华为人，这次选择了否定自我，来了一场自上而下的变革。

首先任正非先检讨了自己，他说："华为是一个二十多岁、朝气蓬勃的小伙子，需要被世界正确认识。别人对公司的误解，很重要的原因就是我们不主动与别人沟通，甚至连被动的沟通我们都害怕，还把这当成低调。在舆论面前，公司长期的做法就像一只把头埋进沙子里的鸵鸟。我可以做鸵鸟，但是公司不能，公司要攻击前进。"

任正非明确地指出："公司要把我个人的心理障碍和公司的宣传分开……要改善与媒体的关系，要善待媒体。在与媒体的关系上，要'低作堰'，不是'高筑坝'。"任正非把自己对媒体的回避解释为"个人心理障碍"。

在华为云计算战略发布会上，一直很少在公开场合出现的任正非一改常态，在大会上发表了自己的讲话，他说："华为20年来，从青纱帐里走出来，仿佛一个孤独的'农民'，走在一条弯弯曲曲的田间小路上；像当年的堂·吉诃德一样封闭，手拿长矛，单打独斗，跌跌撞撞地走到了今天。当我们睁眼一看，我们已经不得不改变自己长期以来养成的封闭自我的方式了。"

华为从否定自己以往的封闭开始，把开放作为未来的新标签，一步步改变自己，以图超越自己。为了配合战略的转型，华为还改变了自己的组织架构。改变总是伴随着巨大的痛苦，但是不改变虽然没有痛苦，却会面临灭亡。

任正非说："怎么适应未来的新世界，华为面临着很大的挑战。我认为华为是不适应的，因为华为大多数人是修建万里长城的，但是用过去修万里长城的办法修完了，等导弹一来，长城就没有用了。"任正非希望未来的华为人可以"站在长城上，多抓几朵云"。

对企业来说，唯有不断地变革，不断地否定自己，才能在市场上永葆活力，获得主动权。前英特尔公司副总裁达维多发现，一家企业要在市场中总是占据领导地位，不仅要做到第一个开发出新一代的产品，还要第一个淘汰自己现有的产品。这就是著名的"达维多定律"，它告诉我们：想要保持领先，就必须时刻否定并超越自己。

当年英特尔486处理器在市场上卖得很好，但是英特尔公司有意缩短了486的技术生命，开始大力推广奔腾处理器。当年微软在推广Windows时，也不是一次性向消费者提供尽善尽美的产品，而是逐步改进产品使其升级换代，通过不断更新、不断否定的理念，让Windows大规模地占领了市场。

作为一个想要进步的人，也需要不断地否定自我，不断地更新自我。定期地否定自我，可以让人们及时调整行动的方向、修正做事的方法，从而超越自我。只有不断否定自己的人，才能不断地吸取教训、提高自己的能力，在遇到挫折时才能振作精神，奋发向上。

否定自己不是不自信，而是一种自我的心理暗示、一种不断告诫自己可以做得更好的积极暗示。这种暗示，会让一个人更加勇敢自信地面对更大的挑战。只有认识到自己的不足之处，才能实现更进一步的自我超越。只有勇敢地否定自己，进而超越自己，才能赢得更多的尊重，获得更大的成功。

基业长青的唯一法则就是与时俱进

如果一个企业的发展能够顺应自然法则和社会法则，其生命可以达到600岁，甚至更长时间。

——任正非

企业是市场的产物，企业的寿命是由市场和客户决定的，企业能否存在的关键就是发展方向和发展前景。如果一家企业的方向错了，那么企业越努力，投资越大，风险也就越大，倒闭得也越快。越是大企业越需要学会与时俱进，这样才会基业长青。

经营企业最怕的就是管理者轻敌，一般大企业的敌人不是同行，而是时代发展的趋势，就像昔日辉煌的柯达没落一样。那些顺势而为的企业，即使再小也可以做大；那些逆势而上的企业，再大的基业也可能会变小。当年赶上互联网的风口，小米顺势把一家小公司做大做强；而诺基亚因为逆势而为，把一个商业帝国做成了如今惨淡的局面。

一个个鲜活的事例告诉我们，在经营企业时，不仅要苦修内功，也要把握好时代的方向。当市场上出现新型产品或新型营销模式的时候，我们不能夜郎自大，小瞧它们，也许它们就是将来打败你的对手。

可是，企业该怎样才能了解未来社会的发展趋势呢？其实，企业最需要了解的就是客户的动向。因为客户在哪里，市场就在哪里，机会和趋势也就在哪里。所以经营企业，管理者要随时关注客户的变化。

为什么要以客户为中心？因为公司的所有收入都来自客户，企业给股东、给供应商、给员工的钱都来源于这个收入。客户是企业的衣食父母。

华为在拟定公司基本规章制度时，最开始写的是“为客户服务是公司存在的理由”，任正非看完后果断地把它改为“为客户服务是公司存在的唯一理由”。为此华为建立了以客户为中心的流程型组织，建立了以客户为中心的企业文化，用以支撑公司的发展。

华为的以客户为中心不仅仅只是说说，而是以自己的实际行动去努力践行。这主要表现在以下几个方面。

第一，盯着客户需求，永远持续改进。

企业在任何时候都要洞察客户的需求，企业对于客户需求洞察力的高低也是企业管理者管理水平高低的体现。

客户的需求不仅仅是市场的事，还关系到营销、销售、产品、售后服务、公司管理层等，客户需求就是行业的趋势。这个趋势包括了客户的使用习惯、客户的使用需求、技术的发展趋势以及全球的发展动态等。

第二，快速响应客户需求。

这个响应指全流程地响应客户的需求，而不仅仅指交易时的响应。IBM最重要的一个理念是，他们所做的任何事情都要以客户为中心，销售、产品、交付等都是围绕客户进行的。

第三，高质量的产品交付与服务。

高质量体现在企业的产品和服务上，通过客户体验来实现客户满意度、实现客户与公司的战略发展，那些满足客户需求的产品和服务就是高质量的。客户需求到底是什么？把需求的本质提取出来，所有的用户，不管是对社会还是对实体，任何的需求都要方便、有价值、好用、可靠，任何的产品都要有这几个属性。

第四，端到端的低成本运作。

所有的客户都会要求产品或服务的质量好、价格好，所以整个公司要低成本运作，产品或服务价格才能有竞争力。

华为在以客户为中心的管理核心下，还要求公司不要追求利益最大化，而是追求人力资本效用的最大化，追求客户与企业的共同成长。用客户的需求来实现公司的发展目标，通过端到端的运作体系，来支撑公司为客户服务。

对于当今的企业来说，如果一家企业不能够保持与时俱进的意识，那么将面临被淘汰的危险。在今天的商场上，每天都上演着“兴衰成败”的戏码，许多企业纷纷在残酷的竞争中被淘汰。那些倒闭的大企业不是没有变革的能力，也不是没有变革的机会，而是没有变革的眼光和意愿。

企业做得越大，越容易忽视别人的变化。因为自己太成功了，认为别人那些小小的变化不会动摇自己的发展。这种轻视让企业失去了市场上的发展机遇。其实每一次市场的变革都是一群新企业淘汰一群老企业的过程，这些被淘汰的企业不是最大的，也不是最小的，而是那些不愿与时俱进的。

一家企业要想基业长青，最好的办法就是在时刻保持危机意识的同时，根据时代的发展，让企业始终做到与时俱进。所谓与时俱进，是指管理者在制定企业发展战略的时候，要认真分析当前的市场环境，根据市场竞争的情况来决定企业要采取的战术。在企业的发展过程中，要密切关注市场变化，及时调整企业的发展战略，做到与时俱进，只有这样才能确保基业长青。

在华为2002年6月和7月的公司例会上，任正非发表了这样的讲话：“如果死抱着一定要做世界上最先进产品的理想，我们就饿死了，就会成为凡高的向日葵。我们的结构调整要完全以商业为导向，而不能以技术为导向，在评价体系中同样一定要以商业为导向。”这里所说的“商业导向”就是指客户需求。在任正非看来，技术开发和客户需求的关系是辩证的：“原来我们往核心收得太厉害了，这样我们的技术进步快了，而市场就弱了一点。现在市场变了，客户需求也变了，我们可以扁平一点。在攻克新技术时，让队形变得尖一些，增大压强，以期通过新技术得到更多的市场。当新技术的引导作用减弱的时候，我们就要使队形扁平化一点，多做一些有客户现实需求但技术不一定很难的产品。”

企业发展的最终目的是满足客户的需求，这里所说的与时俱进也是建立在满足客户需求的基础上，而不是一味地只是想着朝前发展。因此，一家企业要想在激烈的竞争中始终保持优势，就要时刻根据市场的发展和需要，做到实事求是，并根据企业自身的发展状况来制定合适的发展战略，充分地做到与时俱进，为企业的长久发展保驾护航。

第七章

华为创新法：虽然创新有风险，但不创新才是最大的风险

创新之路没有终点

没有创新，要在高科技行业中生存下去几乎是不可能的。在这个领域，没有喘息的机会，哪怕只落后一点点，就意味着逐渐死亡。

——任正非

在当今这个变幻莫测的世界，能否进行技术创新决定了一个企业能否跟上时代的潮流，只有不断满足消费者的需求，才能使企业立于不败之地。而通信行业技术变化更加快速，行业内的企业不创新很快就会被淘汰出局。

创新是使企业拥有核心竞争力以及保持企业核心竞争优势的关键元素。创新是一个过程，创新没有终点，企业的发展过程就是不断创新的过程。一家企业只有不断地创新才能实现快速、稳定、健康地发展。企业的管理者在重视技术、营销、管理、融资等方面时，更应该注重企业的创新战略，任正非一直以来把创新看作企业的灵魂。

三十多年前，这个世界还没有华为；三十多年后，全世界都知道了中国的华为。一家籍籍无名的小公司快速成为全球通信行业的领导者，这其中的原因肯定是多方面的，但有一点是必须有的，那就是不断创新。下面我们来分析一下华为的创新理念。

华为的创新总体上可分为两个阶段：第一个阶段是2011年之前，作为一个行业追赶者的创新模式；第二个阶段是最近几年，作为行业领先者的创新模式。在第一个阶段，华为把爱立信作为学习的榜样，从早期的“性价比”竞争，到逐渐实现关键部件和技术的替代，努力提升自己的核心竞争力。在第二个阶段，华为主要强调以客户为中心的开放式创新。

管理大师彼得·德鲁克说：“创新的成功不取决于它的新颖度、科学内涵和灵巧性，而取决于它在市场上的成功。”华为用自己的业绩，证明了其自主创新战略的成功。

在技术上，华为用分布式基站和SingleRAN这两大架构式的颠覆性产品创新，占领了欧洲等发达国家的市场。这技术不是简单的拼凑，而是复杂的多制式的技术融合，至今未有人模仿。

华为的产品，这几年在全球市场上获得了很大的成功。一个企业的董事长在见到任正非时好奇地问道：“你们靠低价战术怎么在全世界获得这么大的成功？”任正非说道：“你错了，我们靠的不是低价，而是高价。”在欧洲市场，爱立信的产品价格最高，华为的产品平均价低于爱立信5%，比其他公司同类产品高5%～8%。

华为在注重技术创新的同时，还一直强调以客户为中心的创新。在注意到目前运营商在宽带提速、宽带置换中存在的大量资源浪费问题后，华为于2007年开始立项研发，2009年发布了iODN解决方案样机，实现了对无源光网络的可视化管理。

在管理组织上，华为也摸索出一套自己的创新管理模式——“铁三角”，由客户经理、解决方案专家和交付专家组成面向客户的作战单元，分别负责前期与客户沟通、中期产品设计和后期交付。这个创新的模式，打破了功能壁垒，形成了以项目为中心的团队运作模式，这是华为在探索管理组织创新的道路上迈出的重要一步。

华为虽然鼓励创新，但是反对盲目地创新，反对为了创新而创新，华为要的是有价值的创新。20年前，任正非就要求研发人员做工程师商人。

任正非说："现在我们是两个轮子在创新，其中一个是科学家的创新，他们关注技术，愿意怎么想就怎么想，但是他们不能左右应用。技术是否要投入使用，什么时候投入使用，我们要靠另一个轮子 Marketing（市场营销）。Marketing 不断地在听客户的声音，包括今天的需求、明天的需求、未来战略的需求，这样才能确定我们掌握的技术该怎么用，以及投入市场的准确时间。"

任正非还说："公司要从工程师创新走向科学家与工程师一同创新，我们不仅要以客户为中心研究合适的产品与服务，而且还要面对未来的技术方向加大投入，对平台核心加强投入，一定要占领战略的制高地。要不惜在芯片、平台软件等方面冒较大的风险。在核心方面，更要不惜代价，不怕牺牲。我们要从引进电子技术人才走向引进一部分基础理论的人才，要有耐心地将他们培育成熟；也要理解、珍惜一些我们常人难以理解的奇才。总之我们要从技术进步逐步走向理论突破。"

我们看到，有很多公司倒闭了，其失败的原因不是技术不先进，而是技术太先进了，先进到别人没有对它完全认识与认可，从而导致产品卖不出去，最终导致公司破产。但是企业没有先进技术也不行。华为创新的度把握得很好，它们要保持技术领先，但只能是领先竞争对手半步，并将技术导向战略转为客户需求导向战略。

在人才上，华为的观点是开放合作，任正非说："不求他们归我们所有，不限制他们的人身自由和学术自由，不占有他们的论文、专利……只求跟他们合作。"

这些年，华为一直坚持"每年拿出销售收入的10%作为研发费用"这个原则，并且不能拿"看似富裕"的研发资金去做离市场需求太远的事情。

华为从来不追求最好、最新的技术，而是踏踏实实为客户提供最有性价比的产品。

对于员工创新失败，华为给予宽容和理解，为创新尝试者提供最大限度的支持和保障。

三十多年来，华为对创新孜孜以求，形成了自己的创新战略，这是一条没有终点的路。任正非说："过去二三十年，人类社会走向了网络化；未来二三十年是信息化时代，这个时间段会诞生很多伟大的公司。诞生伟大公司的基础就是创新，否则就没有机会，机会就是别人的了。"

与众不同，才能脱颖而出

一个有创造性的人才可以为公司带来更多的客户。

——任正非

作为一家年销售额5200亿元的世界500强企业，华为在创立30周年时，不举行任何庆典，不发布消息，这在中国企业中实属罕见。华为的低调让网友惊呼："华为太低调了，简直令人不可思议。"

华为从来不提什么"全球第一""世界500强"，华为的创始人任正非说："华为没有成功，只是在成长。"华为的快速发展除了跟低调的心态有关，还与其与众不同的人才战略息息相关。

华为用人观念的一大特色就是：不注重学历和经验，更看重能力和潜力。任正非也始终认为："一个有创造性的人才可以为公司带来更多的客户。"

华为从1996年开始发展后，经常招聘那些刚迈出校园的大学毕业生，因为他们单纯执着、充满激情、不怕吃苦，在他们身上蕴藏着很大的潜力。每年招聘的大学生，华为首先安排他们做市场营销，因为这是一个绝佳的锻炼机会。华为人常说："销售是一段刻骨铭心的经历，没做过销售的人生是不完整的。"

大多数企业在招聘销售人员时，喜欢有经验的，觉得他们会取得更大的成功。但是在华为，那些销售做得好的，往往是刚出校门的大学生，他们虽然没有所谓的经验，没有丰富的阅历，但是他们的激情可以弥补一些不足。为了保证一线销售人员的激情和活力，华为的一线销售人员通常最多做3年，期限满了想接着干也不行。

华为的这种用人观值得很多企业学习。有不少企业招聘有经验的销售人员，觉得省时、省事并且获益大，因为有经验的销售人员不用再花精力去培养，并且还能带来原来的客户资源。但是，任何事情都有利有弊，大多数有经验的销售人员缺少激情和活力，而激情和活力在销售中是非常重要的。

著名企业管理学教授沃伦·贝尼斯说："员工培训是企业风险最小、收益最大的战略性投资。"华为为了最大限度地挖掘员工的潜力，对新员工进行有针对性的培训。华为在全国各地甚至在海外都建立了培训基地，还建立了思想导师制度，让员工相互培训。

华为非常重视员工的素质，实行"低重心"的培训策略。华为非常重视普通员工、普通岗位的人员培训，通过培训使大家都打下了扎实的基础。华为员工培训的方式主要有课堂教学、案例教学、上机操作、工程维护实习和网络教学等。华为员工不但有上岗前的培训，还有在岗培训和下岗培训。这些培训，让华为的员工能更好地为公司的发展做贡献。

华为的员工培训一般分为两步。

首先是接受企业文化及相关法规制度的综合培训，这主要是让员工认同公司的理念，认同公司的处事方式。只有大家的理念相同，才能一起携手共进。

其次就是技能培训，告诉员工怎么去工作。做市场的人员，培训内容是产品而不是销售技巧，3个月后这些新人被安排到用户服务前线去，与用户服务工程师一起工作，了解客户的想法和要求，然后再调回总部，学习市场和客户服务。

在2017年华为新员工大会上，华为高级副总裁陈黎芳讲了几点在华为脱颖而出的方法。她强调，第一点就是找准方向。陈黎芳说："方向就是在多种不确定性中找到一个确定的、准确的判断。对每个人而言，一定要找准方向，把方向立得越远越好，然后一步步靠近。"陈黎芳还建议新员工抓住机会，在最佳时间，饰演最佳角色，做出最佳贡献。

有的民营企业会有裙带关系，但是，这种现象在华为是坚决不允许的。华为的待遇和效益让很多人希望通过关系将亲戚朋友塞进来，可任正非在给人力资源部负责人讲话时明确指出，华为要坚决杜绝裙带关系。

正因为这样明确的指令，人力资源部在招聘员工时敢于严格把关，把很多领导推荐的不合格的人挡在华为的大门之外。深圳市政府曾表示让华为多招一些深圳大学毕业生，但华为却始终坚持自己的择优原则。华为这种专注于人力资源储备的战术，为华为换来了稳步前进的人才支持。

华为对新员工的培训也别具一格，所有新员工必须要进"华为大学"学习5个月，这个培训分为军事训练、企业文化学习、车间实习、技术培训、市场演习等五个部分。这5个月的生活就像苦行僧，每天按时起床跑步，迟到扣分，扣的分是同宿舍所有人的分，用这个来培养员工的团队精神。在生产实习中，有6～7次考试，连续两次的最后一名学生或推迟到下一期学习，或被辞退。经过这样的训练，"生存"下来的人会有很大的危机感。

世界上没有哪一家电信设备商会像华为这样针对新人，做为期数月的带薪免费专业培训，没有谁像华为这样花费如此巨大的财力和人力来培训新人。正因为如此与众不同的做法，才能让华为在如此短暂的时间取得如此傲人的成绩。在华为这个高技术企业，人已经超越了其他的资源，成为公司最重要的财富。

华为别具一格的用人观，形成了自己独特的企业文化，这些文化又推动着华为奋力向前，让华为取得一个又一个辉煌的成就。在2018年的德国柏林国际电子消费品展览会上，华为首先亮出了“性能非常恐怖”的麒麟 980 芯片，这个全球首款采用 7nm 工艺的芯片，取得了 6 个世界第一，在指甲盖大小的尺寸里塞进 69 亿个晶体管，这样的挑战前所未有，但是华为敢为天下先。

华为麒麟 980 芯片的成功，不仅意味着在关键的制作方面领先，更带来了性能与能效的全面提升。可以想象，在不久的将来，华为将取得更多突破。

宽容失败，才会有创新

> 我们要宽容失败，才会有真正的创新。
>
> ——任正非

很多企业陷入了一个悖论中：高薪招来一些人才，期待这些人才很快带来效益，但是等一段时间后，发现这些人才花费了大笔资金，却仍然没有产生任何效益。这些企业开始怀疑这些人才，怀疑当初的决定是否正确，对于人才的态度也发生了根本性的变化。于是企业的人换了一拨又一拨，但是依然没有取得技术上的突破。

对于研发投入跻身全球前几名的华为是怎么做的呢？在部分华为欧洲研究院座谈会上，任正非是这样评价基础研究成效的：不能采用量化的办法去考核基础研究。任正非还表示，如果他都能听得懂那些科学家的汇报，那还叫科学吗？任正非说，很多科学家讲的是“鬼话”，真正能听懂的没几个。曾经觉得是骗子的“千里眼”“顺风耳”“阿拉伯飞毯”，现在不都实现了吗？

华为是怎样对待科学家和技术人才的呢？可以将华为的态度概括为“宽容”。任正非表示，应从一个很长的时间去看科学家的话或者观点，不能过于计较其是否具有现实意义。任正非说：“孟德尔发现遗传基因后，沉寂了两百年才被人类重新认识。”同时也强调：“但是我们得有个约束，方向要大致在公司前进的主航道上。”

任正非说：“今天强调科学家的作用，是希望大家能够在公司主航道的范围内，更积极、更大胆地向纵深研究，没有产业技术的深根探索和核心控制，又怎么会有产品与产业的控制力呢？所以，公司发展到现在，更需要各位发挥科学家的研究与探索作用。”任正非表示，对于那些真正有奇思妙想的员工，公司会保护他们茁壮成长。公司会宽容创新、宽容失败。

华为给予科学家足够的空间，让他们自由地去研究、探索未来。任正非说：“科学研究，没有浪费就不可能有成功。华为走到今天，产品研究的成功率应该还没有超过50%，相当于我们每年有几十亿美金被浪费了，但是却培养了一大批高级管理人员。”

早期华为手机的销售主要是定制，手机出厂后就与华为没有关系了。余承东上任后，开始对华为手机进行自我否定，决定重新出发，削减廉价定制机，主要走精品战略路线。

2013年前后，华为推出了几款高端手机，但是从P1、P2到D1、D1基本都失败了，只卖出几十万部手机。这一惨淡的结果，让华为手机部门面临巨大的压力，因为华为是国内第一个出来研制高端手机的公司，几次的惨败让华为饱受质疑。但是华为却允许试错，在公司的支持下，余承东团队坚持了下来。最终华为在手机的中高端市场逐渐站稳了脚跟，今天的华为P系列和Mate系列手机赢得了消费者的认可。

很多企业做不到宽容失败和允许试错，大多数企业不给将才犯错的机会，员工团队一年还没出效益，就会被辞退。但是华为能坦然接受员工犯错，这样宽容失败的机制，为华为培养了一大批高层管理者，他们在各个领域做出了巨大贡献。

很多企业经常把创新挂在嘴边，但是创新哪有那样简单，大多数企业在坚持一段时间却没有收获之后，就很快放弃了。但是华为不这样，任正非在一次新年致辞中说，主航道上的创新非常难，华为要耐得住寂寞，同时要关注产业的不确定性，在考核方面要宽容失败，不要太追求完美。

这样人性化的管理，才能留住那些喜欢创新的人才。天才往往都有不同的缺点，在华为的俄罗斯研究所，有一个技术天才，他特立独行，很长一段时间其他人都不知道他在研究什么。但是在华为，是允许大家特立独行的，这种宽容的做法，让这位天才在放松的状态下下做出了一个颠覆性的创新，打通了不同网络制式下的算法，使华为在算法上面取得了绝对的优势。

在很多人看来，华为现在已经足够强大，在某些领域已经进入了“无人区”。但是华为从来没有松懈。任正非说，未来将是赢家通吃的时代，华为必须依靠科学家，通过技术进步成为头部领导型企业，才能享受创新的红利。华为需要科学家仰望星空，用思想去引导。

任正非认为：“重大创新是无人区的生存法则，没有理论突破，没有技术突破，没有大量的技术积累，是不可能产生爆发性创新的。”

明智的管理者，对于员工创新过程中的失败，不但不会责罚，还会创造一个宽容的环境让他们自由发挥。任何一家想要长久立足和发展的企业，都离不开创新。管理者如果想要每一位员工都具有创新意识，就必须对员工的新想法、新做法予以支持，给予明确而恰当的奖励。但是，在奖励创新的同时，还要宽容员工创新的错误和失败，只有这样才能保证团队源源不断地创新，才能保证企业一直向前发展。

对于企业来说，应该有一个博大的胸怀，允许人才在创新过程中犯错。世界上的每一项伟大发明，都是经历过无数次实验、无数次失败才得以成功的，如果在创新中惧怕失败，也许就不会有我们现在的发达文明，也就不会有今天的便利生活。所以，企业在创新中允许犯错、鼓励试错，才能不断有新的产品出现。

面对质疑，敢于坚持初心

华为坚定不移地对准通信领域这个“城墙口”冲锋。我们成长起来后，坚持只做一件事，在一个方面做大。

——任正非

作为全球第一款采用7nm工艺的手机芯片，麒麟980在CPU（中央处理器）性能与功耗、制作工艺、AI计算性能等方面都取得了傲人成绩，创造了6个“世界第一”的纪录：第一个采用7nm工艺的手机SoC（系统级芯片7）；第一个基于ARM A76开发商用CPU架构；第一个双核NPU（嵌入式神经网络处理器）；第一个Mali-G76 GPU（图形处理器）；第一个LTE Cat.21，峰值下载速率达1.4Gbit/s；第一个支持LPDDR4X颗粒，主频最高可达2133MHz。即使不考虑其他技术升级，仅凭工艺就已经让麒麟980性能领先于国内其他芯片。

人们在惊叹华为麒麟980芯片的强大时，却不知道华为这一路走来是多么艰难。其实早在2004年，华为就专门组建了手机芯片的研发队伍，希望摆脱对美国芯片的依赖。不过成功没有一蹴而就的，经过5年的研发，第一款芯片K3V1才做出来。让人遗憾的是，由于技术不成熟，K3V1最终没有被市场化。5年的时间，华为没有取得任何看得见的进展，没有拿出任何实质性的成果。

可能很多公司坚持到这里，也就放弃了，想着投入那么多人力物力，什么都没得到，可能是中国的技术人才和技术环境真的达不到要求吧，但是华为却没有退缩。

芯片行业中有很多关于麒麟开发者海思半导体有限公司（简称“海恩”）的笑话，最典型的一个就是，海思成立之初，任正非给海思定了尽快实现营收超 30 亿美元、员工超 3 000 人的两个目标；第二个目标很快就实现了，但是第一个目标却迟迟没有实现。面对外界的质疑，海思员工给出的答案通常都是：做得慢没关系，做得不好也没关系，只要给时间，海思总有出头的一天。

就这样坚持，直到 2012 年，华为推出了改进过的移动处理芯片 K3V2。当时，这个芯片在国产芯片厂商中也算是标杆了，但由于这款芯片采用了非主流的 GPU，导致游戏兼容性比较差，产生较严重的发热问题，于是在当时饱受诟病，被消费者投诉不断。最后的结果就是，搭载这款 SoC 的机型不但没有获得预期的市场表现，反而惹得骂声一片。

即使是这样，华为仍然没有放弃，因为华为人知道，想要在今后的竞争中立于不败之地，一定要有自己的核心技术，手机芯片必须坚持做下去，并且还应用在华为手机上，只有这样才能清楚地知道缺点在哪里，才能不断完善。

十年磨一剑，海思在质疑声中默默前行，最终取得了傲人的成绩。2014 年年初，海思推出麒麟 910 芯片。麒麟 910 已经配备支持 LTE Cat6 规范的 Balong 720 多模基带，并影响手机芯片行业支持 LTE Cat6 标准，而当时，高通和 MTK 等主流芯片厂商使用的还是 LTE Cat4 规范，从这个角度看，麒麟芯片已经开始和高通、联发科的芯片拉开了距离。

华为芯片的成功，也得到了社会的认可，人们开始转变了对华为芯片的态度，连惠普也首次用上了麒麟 SoC，这标志着华为芯片开始走向成熟。2014 年 9 月，海思发布了麒麟 925 SoC 芯片，将大核主频从 1.7GHz 提升到

1.8GHz。这款芯片被用在华为 Mate 7 和荣耀 6 Plus 上，创造了华为 Mate 7 国产高端机的历史，该款机型的全球销量超过 750 万部。

2014 年海思的收入终于达到了 26.5 亿美元，离目标不远了。2015 年，海思又发布了麒麟 935 SoC 芯片。得益于优秀架构带来的良好功耗控制，在海思麒麟 935 和骁龙 810 的对决中，海思打了一个翻身仗，至此声名鹊起。2015 年，海思的收入终于达到了 31.2 亿美元，顺利完成了任正非定下的目标。

一般企业在长久的质疑和失败中可能很难坚持下来，但是海思却能坦然面对质疑，坚持自己最初的决定，没有急功近利，没有轻言放弃。一份耕耘一份收获，有时坚持得越久，收获就会越大。

2015 年，麒麟芯片的出货量突破了 1 亿颗。2016 年，海思发布的麒麟 960 芯片，是全球首款搭载 ARM Cortex-A73 CPU 和 Mali-G71 八核 GPU 的芯片，并且在性能方面得到了全面优化。其整体性能与同样定位的骁龙 821、三星 Exynos8890 和苹果 A10 不相上下，有的方面如通信质量和功耗控制上甚至更为优秀。

好的东西最终会得到市场的认可，2016 年美国权威科技媒体 Android Authority 把麒麟 960 评选为“2016 年度最佳安卓手机处理器”。

“成功的花，人们只惊羡它现时的艳丽。然而当初它的芽儿，浸透着奋斗的泪泉，洒遍了牺牲的血雨。”冰心的这句话道出了海思一路走来的艰难历程。

2004 年华为开始研发手机芯片，到 2009 年首款芯片商业化失败，再到 2012 年 K3V2 的再次失败，直至 2014 年麒麟手机芯片开始跻身业界主流；从 2014 年的麒麟 910 直到 2018 年的麒麟 980，十五年的时间过去了。

十五年的艰辛与希望，十五年的付出和收获！十五年的时间，华为凭着坚持和执着，终于实现了自己的目标。曾经被嘲笑、被挖苦、被质疑，但是华为始终坚持自己的初心，没有放弃，终于用产品证明了自己。

海思麒麟芯片的艰难历程，让我们看到了华为人的坚韧不拔，从一开始的备受质疑，到现在的麒麟系列芯片跻身世界第一阵营，海思的经历，证明了想要技术领先，不仅需要人才和资金的大量投入，还需要有足够的耐心，坚持到底。

历史的发展告诉我们，只有掌握核心技术，才能在竞争中常胜，才不会在竞争中受制于人。而核心技术不是轻易就能得到的，企业要做好长期战斗的准备，要像海思一样，面对质疑，仍然敢于坚持初心。

“拿来主义”式创新

我们要敢于、要善于搭上世界的各种车，我们这个利益就多元化了。利益多元化了，谁能消灭你？

——任正非

很多人觉得要创新就要摒弃“拿来主义”，在别人基础上的改进不叫创新。这个观点是不正确的，“拿来主义”与创新并不矛盾。所谓创新，并不是所有事情都要亲自做，而是应该在充分发挥企业主观能动性的原则上做研发、出成果。我们可以“拿来”国内外好的技术——或者收购，或者合作，站在巨人的肩膀上，通过引进、消化、吸收的方法，进行再创新和集成创新。

2012年9月，任正非在华为“2012诺亚方舟实验室”专家座谈会上这样说道：“我们今天的创造发明不是以自力更生为基础的，我们是一个开放的体系，向全世界开放，而且可以通过互联网获得更强的能力，华为也能获得更好的基础。

任正非之所以这样说，是因为曾经自主研发在给华为带来快速发展的同时，也禁锢了华为的持续发展。由于长期坚持独立自主，华为习惯了什么产品都自己研发、自己去做，结果浪费了大量的资金不说，还耽误了大量机会，并且还导致华为的研发效率低下。研发是为了研发成果能够在市场上获得收益，但是华为这样耗时耗力的自主研发，让这个目的难以实现。

任正非曾经提出“新开发量高于 30% 不叫创新，叫浪费”，他号召研发人员在研发新产品时应尽量减少自己的发明创造成分，而应着眼于继承以往产品的技术成果，以及对外部进行合作或购买。

这句话的意思就是，企业在新产品开发中，要尽量引用自己企业已拥有的成熟技术，以及可向社会采购的技术，以提高效率。如果这些已有技术的利用率低于 70%，而新开发量高于 30%，其实是对企业资源的一种浪费，这只会提高企业的开发成本，增加产品的不稳定性，最后可能将企业拖入一个无底洞。

当然不是说不能自主创新，而是自主创新要把握一个度，因为真正的自主创新是非常耗费时间和资金的。如果只是为了创新而创新，不考虑自己企业可以承受的压力，那么这样的创新可能会让企业倒闭。

华为在创新中强调的是“拿来主义”。任正非曾一度对研发的创新和“拿来主义”定基调，并还展开了关于什么是研发创新的大讨论。任正非告诉那些喜欢自己在实验室里研究技术的年轻工程师，要善于“拿来”。这个“拿来”包括两个方面：一个是从公司内部“拿来”，一个是从公司外部“拿来”。任正非强调，公司的使命是做产品，产品需要市场的认可，完全创新很难快速被市场接受和认可，所以在现阶段没有可能和必要存在。

任正非表示，华为在产品与营销体系中推行向创新倾斜的激励机制，但“创新不是推翻前任的管理另搞一套，而是在全面继承的基础上不断优化。从事新产品开发不一定是创新，在老产品上不断改进不一定不是创新，两者具有辩证关系”。

华为有一款全球领先而且份额占据第一的产品，不过其在功能、性能上超越竞争对手的关键技术是通过购买别人的技术而获得的。华为找到了在技术和解决方案都非常领先的厂家，最后决定购买该技术。经过技术转移和二次开发，华为在短短9个月时间内完成了集成开发，实现了大容量、长距离无电中继的光传输。于是华为在相关市场上快速发展起来：2003年还是名不见经传的长途传输厂家，2005年就成长为全球长途传输市场第一的厂家，并保持稳固的地位。

华为的这种“拿来主义”难道不好吗？这样既保证了企业的顺利运行，又增强了企业的竞争力。如果这项技术华为要自己研发，能否做出、什么时候做出、效果如何，这些都是未知数；即使后来做出了，可能市场的时机已经过去了。华为是一家企业，首先考虑的是生存下去，利用已有的资源，做出市场认可的产品，这是无可厚非的。

华为的“拿来主义”还表现在合作伙伴上，不管是和大学科研机构合作，还是同行业合作。华为独特的矩阵管理和企业文化，慢慢将合作伙伴同化为华为的一部分，比如华为早期和清华大学合作，清华大学的博士生郑宝用就不知不觉地进入了华为研发团队。后来的华为3Com，现在的华赛，华为都是采用相同的技术合作策略。

曾经一心想做“高科技”的联想总裁杨元庆前去华为拜访任正非。任正非实言相告：“联想想发展成技术型的企业，难。华为一年投入几十亿元的研发费用，才赚几十亿。我们这种高投入、高产出的业务模式已经形成。联想要做研发，如果卖不出高价，短期不受益，股东和投资人不答应，还难。”

《华为真相》一书中记录任正非劝郭为不要做研发的原因：“研发，你要做就得大做，如果小打小闹还不如不做，因为这是很费钱的一件事。”研发就是“烧钱”，这是很多人都知道的，确实研发不是一般企业可以随便去做的。第一，小企业投入不起；第二，大企业如果集中力量转向研发，则意味着先要破坏掉原有的优势，重新来过。这种风险哪个企业敢承受？

“拿来主义”是华为的一条成功经验。华为早期也一度认为，只有自主开发才是企业研发应该走的唯一路径。但是在引进 IBM 流程以后，IBM 的顾问发现：华为研发效率低下的主要原因就是在研发中坚持什么事情都自己去做。后来华为认识到，如果什么都自己去研发，那么等研发成果出来后，市场机会已经没有了，并且竞争对手已在市场上建立了市场优势，自己根本没法在竞争的市场上获利。为了缩短产品上市的时间，增加自己的竞争优势，华为需要借助外力。

任正非在总结竞争对手经验后，让华为技术研发走“借助外力”这样一条道路：主要核心技术自己开发，但相关和前瞻的一些技术研究借助外力。这样既保证了华为掌握核心的技术，也保障了其研发的效率。

2008 年，华为被美国《商业周刊》评选为“年度创新企业”，也是上榜的唯一内地企业；2010 年 10 月，华为被英国著名杂志《经济学人》评为“2010 年度公司创新大奖”；2018 年，华为被德国版商业经济杂志 *brand eins* 评为最具创新企业之一；同年，在国家知识产权局 2018 年上半年发明专利授权量排名中，华为获得了第一名，共有专利授权量 1 775 件。

华为特别的创新方法，让华为的技术走在世界的前列，成就了现在的华为。

为价值而创新

创新，就是“鲜花插在牛粪上”，华为就是牛粪，人家的东西就是鲜花，牛粪给鲜花提供营养。继承就是牛粪，创新就是鲜花。

——任正非

创新是企业生存的无奈选择。创业伊始，华为就面临着严峻的考验：电信市场变化迅速，要求企业必须做出迅速反应。前有技术先进的跨国公司，后有实力雄厚的国有企业，华为努力在夹缝中寻找出路。想要生存下去，华为的产品和服务必须要有自己独特的价值和购买意义，只有这样才能得到市场的认可。

任正非从创业之初就明白，只有产生价值的创新才是创新，只有销售出去的产品才有价值。如果只醉心于对最好、最新技术的追求，却忽略了市场的真正需求，创造出一堆得不到市场认可的产品，又有什么意义呢？

2000年前后，任正非多次强调创新的重要性。他说：“刻意为创新而创新，为标新立异而创新，是我们幼稚病的表现。我们公司大力倡导创新，但创新的目的是什么呢？创新的目的是提高产品的技术、质量、效率、效益。”

此后十多年，华为人不断地创新企业的产品和服务，不断地学习国际先进的企业管理经验，终于在竞争中不断地发展壮大起来。不过这时，华为已经很少再提“创新”一词了，偶尔提起也是以“反对盲目创新”为基调。

2015 年，任正非在市场工作会议上说：“华为要清醒地认识到，想担起世界领袖的担子，任重而道远。……面对未来网络的变化，我们要持续创新。为世界进步而创造，为价值贡献而创新。在坚持创新的同时，要容忍不同意见和不同创新。创新要有边界，我们要继续发扬针尖战略，用大压强原则，在大数据时代领先突破。”

为避免研发人员为了追求技术的新颖、先进而创新，不管创新产品的市场价值。华为规定，每年必须有 5% 的研发人员转做市场营销，同时有一定比例的市场人员转做研发。任正非谈道：“新的产品研究体系的特点：一要保持持续领先；二要以客户的价值观为导向，强化客户服务，追求客户满意度。”

华为的这种为价值而创新的创新观，是在市场竞争中生存下来的成功经验。因为华为在创立之初，只能选择那些大企业不屑于争夺的农村市场。为了生存，华为必须在已有产品的基础上降低成本，同时满足客户各种各样的特殊需求，处理各种意想不到的突发事件，从而摸索出了这种以价值为目标的创新之路。

华为独特的创新之路是不以最先进、最领先的科学原创为主要目标，而将重点放在已有新技术的工程化和商业化上。华为的创新需要达到其生存目标，需要为公司的生存创造价值。华为一直反对盲目创新，所以后来很少宣扬创新精神。对一家企业而言，不创新会被对手消灭，但是盲目地创新会被自己消灭；想要生存下去，必须合理抑制那些不能直接带来价值的创新。

在社会上，科学家应当像英雄一样受到人们尊敬；但是在企业创新中，应当表彰的是那些取得创新结果的价值绩效，而不是创新过程中的创意发明。

华为的创新观很早就形成了。1996 年，华为会谈纪要中写道：“作为一家公司，我们追求的不是先进性而是商业性……学校是以学术作为评价体系的标准，我们是以商业性作为评价体系的标准，两个不同评价体系不可能混合。”

2002年，任正非在《公司的发展重心要放在满足客户当前的需求上》一文中写道：“在价值评价方面，我们也不能认为只有做新技术的人才能评高工资，做小盒子的人要能拿高工资、当总监。……技术不是理论，不是功能，而是包括工艺、材料、多种科学在内的综合技术。我们华为也需要能做这种小盒子的工程商人，而不是仅仅做出功能来的科学家。”

2007年，任正非在上海研究所讲话时又强调：“我们是商业集团，只求商业集团的社会责任和利益……我们一定要有一个导向，就是商业成功才是成功。”随后，在华为EMT（经营管理团队）纪要中，他明确指出：“任何先进的技术、产品解决方案和业务管理，只有转化为商业成功才能产生价值。”

华为的这种为价值而创新的创新突围之路，与当时的发展阶段和发展环境息息相关，这也是一条被现实证明是正确的道路。这种选择，对当下的很多中小型企业仍然有指导意义。有不少企业总是想创新，想一鸣惊人，创造出一个全新的东西来震撼世界。且不说这其中需要的人才、时间和资金，即便真的创造出来了，能否被社会接受、能否被市场认可，能够创造出什么样的价值，都是很大的问题。如果不在乎它带来的价值，那么创造这个技术的目的又是什么呢？

不能为了创新而创新。对企业来说，创新的最终目的还是利益。企业的本质和存在的目的是什么呢？传统经济学解释到，企业是一个由投入到产出的追求利润最大化的“黑匣子”，一种降低社会“交易成本”的资源配置机制。管理大师彼得·德鲁克认为，企业的目的是“创造顾客”，创造顾客意味着“有效地利用各种资源，时刻把顾客利益放在首位，谋求企业长期稳定地发展”。彼得·德鲁克这种对企业本质和目标的解读，得到了普遍的认可。

既然企业的目的是实现顾客利益，那么企业创新的目的也是如此。彼得·德鲁克对创新做出了这样的定义：从企业家精神的角度来说，创新是改变资源的产出；从需求角度来说，创新是通过改变产品和服务，为客户提供价值和满意度。

这里可以这样理解创新与聪明的创意或者发明是不同的概念，创新在于是否为客户创造出新的价值。这是对企业创新的定义，华为的创新遵循了这个管理学常识。这个创新之路，也是任正非在实践中，通过研究分析众多大企业由盛转衰的历程后总结出来的。

任正非解释道："为客户创造新价值是企业存在的唯一价值和理由，因为它是企业效益的源泉，只有在这个原则下，企业创新的出发点，才是为客户创造新的价值。"2012年的实验室专家座谈会上，任正非说："在我们公司的创新问题上，首先要强调价值理论，不是为了创新而创新，一定是为了创造价值而创新。"

在华为，任何创新行为的出发点，都是为客户创造价值；而评价创新行为是否成功的直接标准，就是看创新产品和服务是否获得了市场的认可，这些产品和服务是否"成就客户"，帮助客户获得长期的成功。

华为的这种"按照客户需要改进产品和服务来帮助客户成功"的做法非常低调和务实，华为的这种为价值而创新的脚步更加稳健。这也是华为成功的法宝之一。

创新人才激励机制

公司运转依靠两个轮子，一个轮子是商业模式，一个轮子是技术创新。

——任正非

在国家知识产权局公布的2018年上半年国内专利授权量排名中，华为获得了第一名，共有专利授权量1 775件。2018年，华为还被德国版商业经济杂志 *brand eins* 评为最具创新企业之一，以四颗星（最高水平）的打分位居前列。

在创新上，华为取得这样大的成就，到底是怎样做到的呢？怎样才能让华为人有自觉创新的意愿和动力呢？我们来看看华为的两大法宝。在激发员工的创新动力方面，华为采取了培养员工的奋斗精神及小改进，大奖励，以及员工轮岗制度；在员工创新的保障机制上，华为采取了容忍创新中的失败，关怀员工身心健康及生活保障，以及高薪及股权激励。

第一，奋斗精神，是华为超越对手最强大的动力。

华为创立三十多年来，始终“以奋斗者为本，长期坚持艰苦奋斗”，华为人无时无刻不在强调奋斗精神。任正非认为，要打造一支甘于艰苦奋斗的员工队伍，首先要激发员工斗志。任正非擅长讲故事，他通过一个个动人的故事，向员工传递他的理念，让员工充满斗志地投入项目之中。

华为人的奋斗精神传遍了世界各地。为了在高原缺氧地带打开局面，华为人爬雪山，越丛林，徒步行走8天，无怨无悔地为客户服务；还有的华为人在宿舍睡觉半夜遭遇抢劫，第二天仍然正常去工作；也有员工在爆炸中受伤，康复后继续坚守岗位。

华为就是靠着这股奋斗精神，不断地进取，取得了一个又一个成就。大多数华为人并不以金钱为最终奋斗目标。如果一个人追求的仅仅是金钱，就容易满足，从而缺少干劲。一位在IBM实习过，不过最终选择来到华为的员工如是说："我曾经是IBM的实习生，IBM工资很高，工作也不累。但是我最后还是选择了华为，因为我觉得在华为可以学习到更多东西。在这样的企业工作，有着比在IBM更好的发展空间。"

第二，"小改进，大奖励"，让员工感觉创新触手可及。

在华为，每当员工有或大或小的改进，公司就会给予员工相应的物质和精神奖励。这样的奖励激励了员工，让员工觉得原来创新也不是那么难，从而让员工开始热衷于进行点滴的改进。不要小看这些小的改进，多次小改进积累起来，就会对整体项目的效率有很大提升，从而产生很高的效益。

华为设立了一个荣誉部，专门负责对员工进行考核、评奖，目的是挑选创新榜样。华为的荣誉奖很有特点。首先，获奖面广、获奖人数多，有的员工甚至在自己毫无察觉的情况下就得到了公司的某种奖励。在华为，只要有特点，工作上有业绩，就能得到荣誉奖。对于一些新员工还设置有进步奖，只要参与完成了一个项目就有项目奖，还有很多诸如此类的奖项。其次，华为的奖励是精神激励和物质激励紧密结合的。获得荣誉奖的员工，除了能够得到一定的物质奖励，还能作为典型事例在全公司宣传。

第三，岗位轮换制度，迫使员工在不熟悉的岗位上创新。

马斯洛的需求层次理论告诉我们，个人需要的最高层次是自我实现和自我发展的需要。作为华为的员工，基本上低层次的需求已得到满足。为了满足员工更高层次的需求，保持华为员工的持续动力，激励员工创新，华为实行岗位轮换制。

华为人通过对产品每一环节的亲身经历，积累了实践经验的同时，还学会了从全局思考。当员工到一个不熟悉的环境，会用新的方法去完成工作。新的环境容易让人发现工作中的问题，并且创造性地加以改正，提供新的解决问题的方法。如果新方法经过验证可行，那么华为就会将其流程固定化。华为的轮换制是企业产生创新的秘诀之一。

第四，营造容错氛围：容忍失败，才能敢于创新。

我们知道，有创新就会有错误，一个成功的产品背后是无数次失败的经验。员工在创新过程中，企业容错的空间越大，那么创新成功的可能性就越大。一个企业如果不容错，那么基层的员工就会产生害怕出错的心理，就会没有自己的想法，缺乏创新的意识与勇气。如果企业埋怨自己的员工不敢创新，那么首先应该想想企业是不是没有容错的胸怀。

华为为了创造一个好的创新环境，致力于营造一个开放、鼓励尝试和容错的氛围。不过华为虽然容错，但也不是盲目地宽容。这种有条件的容错，既保证了企业的创新，又不会让创新跑偏方向。

第五，关怀身心健康：重成果，不提倡加班。

在华为，工作可以是享受，也是生活的一部分。2008 年，华为首次设立首席员工健康与安全官，并专门成立了健康指导中心，规范员工健康标准和疾病预防工作，向员工提供健康与心理咨询。

虽然华为提倡奋斗，但是加班绝不是华为宣扬的奋斗。在华为，普通员工要加班需要进行申请，获得批准后才可以加班。即使必须加班，次日也会安排加班员工调休。可能很多企业都做到了这条，但是华为把多种关怀都考虑到了，并且落到了实处，这是值得很多企业学习的。

第六，高薪及股权激励：人人都是老板。

华为推行的是“以岗定级、以级定薪、人岗匹配、易岗易薪”的工资制度，用这种制度控制短期激励，增加长期激励的弹性。

华为一直秉持着高薪留人的原则。《华为基本法》第六十九条规定："华为公司保证在经济景气时期和事业发展良好的阶段，员工的人均收入高于区域行业相应的最高水平。"华为的高薪，激发了员工的潜力和员工的创新能力，同时也减少了人才的流失。华为的高薪，不是建立在私人关系上的，而是建立在公平基础上的；华为的薪酬主张既不能让奋斗者吃亏，也不能让懒人、庸人占便宜。

为了拉开优秀骨干员工和一般骨干员工的差距，华为价值评价和价值分配的导向是：向优秀的奋斗者倾斜，让真正的千里马飞奔起来，让后进者感受到末位淘汰的压力。

为了保持核心员工队伍的稳定，华为还为员工制定了长期激励办法。华为员工的年终奖和内部股票分红，是随着工作年限不断积累的。一般员工入职一年后，华为就会根据其表现配给一定数额的公司内部股，员工可以用自己的年度奖购买内部股票。如果新员工的年度奖金数额不够派发股票额，还可以申请公司贷款，然后用以后的分红去抵还。

通过以上六点，华为成功调动了员工的创新积极性。正因为全员式的创新，华为在技术上走在了世界的前列。

第八章

华为组织考评法则：军事化管理，下属要绝对服从领导

领导者的影响力，不仅仅是手中的权力

从泥沼里爬出来的才是圣人，烧不死的鸟才是凤凰。

——任正非

意大利经济学家维弗雷多·帕累托，在从事经济学研究时提出了一个“重要的少数与琐碎的多数原理”，大意就是：在任何特定的群体中，重要的因子通常只占少数，而不重要的因子则占多数，所以，只要控制了重要的少数，即能控制全局。这个理论应用到企业管理方面就是：20% 的骨干员工为公司创造 80% 的绩效，5% 的中高层领导直接影响公司 51% 的收入。

不妨进行大胆假设，假设一家公司的骨干员工和中高层领导有了异心或者是思想上落伍了，那么这家公司会发生什么。结果不言而喻，这家公司将会被自己的人给毁了。领导该怎么杜绝这样的事情发生呢？难道仅仅是手中的权力吗？当然不是，真正能凝聚人心的是领导的道德魅力。

企业领导者的影响力，大致上可以分为权力影响力和非权力影响力。权力影响力是企业管理者基于职位本身所拥有的权力，是强制性的影响力；而非权力影响力则是基于领导自身道德和素质而形成的一种道德魅力，是非强制性的。道德魅力可以影响下属的心理和行为，从而让下属真心地服从、追随和信赖，从而更好、更高效地管理和领导企业，这就是“得民心者得天下”。

1952年的上甘岭战役，美军用电脑模拟推演，得出的结论是在一天内就可以拿下阵地，但是最后的结果却让美军大跌眼镜：战斗持续了43天，最后我军扭转了白马山之战的败局，迫使“联合国军”停止了进攻。

为什么会是这样的结果呢？原因在于电脑只能模拟出常规的东西，但是模拟不出有人身上着火了也会坚持一动不动，这就是精神的力量。

企业领导者的道德魅力，其本质就是领导者本身的道德和素质。强调领导者的道德魅力实际上强调的是：要做事，先做人。著名管理大师彼得·德鲁克说：“如果领导者缺乏正直的道德，那么，无论他多么有知识、有才华、有成就，也会造成重大损失，因为他破坏了企业中最宝贵的资源——人，破坏了组织的精神，破坏了工作的成就。”我们常说“做事之前先学会做人”，就是这个道理。作为领导者，其道德魅力要超过手中的权力，员工只有心服了才是真的服了。

对于一个企业来说，领导者道德魅力的能量是非常大的，它能增强企业的凝聚力，使企业员工力向一处使，面对困难时同心协力，共渡难关。

华为最早的办公地点是深圳湾畔的两间简易房，仓库就是员工宿舍，也是员工的办公场所。华为当时占用了十多间仓库，在仓库的另一头用砖头垒起墙，隔开一些做单间，员工就住在这些单间里。仓库几乎没有窗户，这些隔开的单间里没有阳光，为了方便空气流通和采光，隔墙只垒了一人高，并且顶上是空的。仓库里到处堆放着从香港公司进来的交换机配件、组装好的整机，员工们在仓库一角开发用作配件的板件（SKD），将买来的配件组装成整机。

当时，任正非与员工们一起在公司吃住，还与员工们一起熬夜、加班。为了激励员工，也为了坚定自己的信心，在一次动员大会上，任正非站在五楼会议室的窗户对全体员工说：“这次研发成功，我们都有发展；如果研发失败的话，我只有从楼上跳下去。”

1990年，华为中层干部的月工资才300多元，比当时深圳的外资企业平均工资都低。但是大家干劲十足，为了心中的梦想而努力奋斗。1991年12月，首批3台交换机终于发货，让公司得以正常运转。

1992年，华为当年的产值已经达到1.2亿元，利润过千万，员工已经有100多人。这一年冬天，公司到深圳经济特区外的西乡开会。在回来的路上，车子陷进了泥坑里，任正非二话不说，第一个下车，脱掉鞋袜跳进泥坑就开始推车，最后大家合力将车子推出了泥坑。

华为元老张建国认为，正是任正非这种无论何时何地都与员工共患难的道德魅力，让员工在极度艰难的环境下，创造了一个又一个奇迹。

在现实生活中，很多企业并不缺乏人才，有的甚至人才济济，但最后却面临着发展动力不足的困境或者被淘汰出局。究其原因，就在于这些企业的管理者普遍缺乏诸如忠诚、敬业、诚实、积极主动等优秀品德。

在职场中，能力差可以通过培训、工作实践来逐步提高，但是如果道德水平不高，那就难办了。人要先“修身”“齐家”，然后才能“治国”“平天下”。道德水平不高的人，能力再强，也不一定会有好的结果；道德水平高的人，总是会有好的人缘、好的机会。道德水平高，同事和主管愿意与你相处、与你打交道，也会帮你，相应地就会有好的结果。

在一次大型访谈会上，主持人问道：“单位最忌讳员工哪一点？”包括任正非在内的许多著名企业家都把“道德”排在了第一位。可见，员工的道德是最为重要的，其他的错误可以容忍，但是在道德方面犯的错误是不能容忍的，尤其是企业里的领导者。

对于企业领导者来说，道德就像火车的方向、路轨，而才能就像发动机。如果方向、路轨偏了，发动机的功率越大，造成的危害也就越大，良好的道德比才能更有价值。每个人的潜力都是无限的，一个好的领导者，可以用自己的道德魅力激发员工的潜能，让员工创造出自己都没有预料到的奇迹。

其实人与人之间并没有多大不同，成功者与失败者、卓越者与平庸者之间的差异之处正在于道德的高下。具有优秀品质的领导者，总是会时常从内心爆发出自我积极的力量，在推动自己不断前进的同时，也带领下属一起创造辉煌。

化解矛盾与把握平衡的完美演绎

公司的竞争力成长与当期效益的矛盾，员工与管理者之间的矛盾……在诸多矛盾中，寻找一种合二为一的利益平衡点，驱动共同为之努力。

——任正非

有人的地方就有江湖，有了江湖就会有纷争，就会有不断的利益冲突，于是就会产生各种各样的冲突与矛盾。每个企业都是一个“江湖”，都会有各种的矛盾冲突，去化解矛盾冲突，把握平衡，让企业更好地长久发展下去，是每个企业的领导者的责任。

解决矛盾分把握平衡的目的是更好地促进企业发展，使一个和谐的企业能够更好、更科学地发展下去。不过无论在什么时代、什么地方，任何事物都会产生矛盾和问题，矛盾的存在是永恒的，但是矛盾不是构建和谐企业的阻碍，有时内外部的矛盾还能促进事物的发展。因为事物在发展过程中，其统一性和斗争性都是很重要的。就和谐本身来说，也是存在矛盾的，但它并不排斥矛盾。

当企业的目标被分到每一个人头上时，原则上员工应该在一个和谐的状态下，齐心协力完成企业的目标。但是正如企业是趋利的一样，员工也是趋利的，而且在这个过程中，员工会极力避害，于是就会导致员工目标与企业目标的冲突。而且，员工和员工之间的冲突也会变得频繁。因为尽管一个稳定的员工被假定与企业的目标大体一致，但是每个员工却有结合企业目标的不同方式。而企业的资源是有限的，这必然会带来员工之间的竞争和冲突。在这个时候，就会产生矛盾。我们来看看华为的领导者是怎样化解这个问题的。

刘某（以下简称刘）刚刚被调至杭州办事处任代表，上任不久就了解到很多关于办事处内部存在的问题，并且也亲身感受到了。于是，在一次季度例会上，他安排了一次“批斗会”来解决这个矛盾。

刘：“今天我们大家都放下所有包袱，好好说说心里话，把你们心中最想说的话说出来，有问题不能藏着，要把它暴露出来，这样才能想办法解决掉。谁先讲？”

小王第一个站起来说道：“我们客户经理在前线拼命，却得不到行政部的支持。我要跑好几个本地网，却要不到一辆车……”

刘打断了他的话，说道：“你还没说到重点，哪一个再来？”

小何第二个站了起来，但是，他依然没有说出刘想听到的要害问题。

然后，刘说：“还是没讲到点子上，你下去，小汤你上来讲讲。前段时间你不是想要离开公司吗？说说你的想法！”

小汤说：“我有两点要谈。第一点，华为公司的激励机制出了问题。公司把老员工的内部股份全部一比一置换成期权，这样磨掉了新员工的斗志，如果新员工不能获得激励，公司的动力也就不存在了。第二点，现在的考核和淘汰机制是面对基层员工的，中层干部却能安然无恙，我个人觉得无论责任在谁，中层干部都要一起承担责任，你说飞机失事与民航局长有什么关系？”

刘听后却这么说：“你说的是官话，没有把内心的话说出来。还是我帮你说吧，我知道你和张某有矛盾，我前两天和张某谈话时说他的缺点就是狭隘，不能包容人。张某辞职时也和我谈到这个问题，我觉得在这一方面张某是有问题的。”

刘的话就像刺刀一样，深深地插进别人的心窝，让人听着就难受，不过这就是“批斗会”需要的效果。“批斗会”就是要指名道姓地“批斗”别人，只有通过这种方式，才能尽早地发现问题。否则病入膏肓，企业破产了，也就没有必要批评了。

当然，相互批评并不意味着会产生更多的矛盾，因为在“批斗会”上，大家都是平等的，都红过脸、出过汗，大家都觉得很公平。华为就是通过这样的方式，及时发现企业中存在的问题，然后快速有效地加以改正。

任正非说：“和谐虽然重要，但是和谐必须用矛盾来驾驭。如果失去了矛盾的驾驭，那么和谐就将变成小团体主义，从而让企业成为一盘散沙。”任正非给企业领导者的建议是“对直接的下属必须制造矛盾”。让直接下属时刻面临大赏和大罚，才能够让他们彼此竞争，进而持续地保持充沛的斗志和上升的动力。

适当的矛盾会对员工起到一定的激励作用，但是如果不加以平衡的话，就会造成严重的后果。如果每个员工都针锋相对，那么就会形成剑拔弩张的局面，到时候可能会造成真的矛盾，从而影响内部的团结，阻碍企业的发展。所以说，管理者还需要从矛盾中调节，在批判的基础上，员工还要互相帮助、互相进步，从而达到一种新的和谐状态。

华为实施“全员导师制”，即“一带一”“一帮一”，这种做法让新员工有更多的机会掌握更多的知识和专业技能，并迅速成长为骨干。华为的导师职责比较宽泛，不仅仅在业务、技术上进行“传、帮、带”，还有思想上的指引、生活细节上的引领等。

导师在带学生期间，企业会单独给他发一笔钱，让导师定期请学生吃饭、喝茶，增加沟通；导师需要帮助外地员工解决吃住问题，甚至解决情感问题。

一位华为员工自述道："在我进华为的第一个星期，公司就为我选定了一位导师，我和导师在食堂吃饭时讨论怎样快速地适应工作岗位，当时感觉很温暖，让我收获很多。之后，导师还会每隔一段时间跟我进行工作上的交流，对我的工作有很大帮助，让我充满了信心，工作也越来越顺利。"

华为这一做法的意义有三点：一是可以增强员工的荣誉感，尤其是对于入职时间不长就成为导师的员工，在工作上更加严格地要求自己，在新员工面前发挥模范带头作用；二是对于新员工来讲，可以迅速地融入企业的大家庭中，从思想上、感情上尽快地认可企业的制度和文化；三是可以形成企业内部良好的环境氛围，各层级的执行力必然会大大增强。

矛盾利于自新，而和谐利于继承。矛盾能够诞生更好的决策，而和谐会给企业带来执行的空间。企业需要矛盾，也需要和谐。在企业过于和谐的时候，就要通过矛盾来激励；在企业矛盾过多的时候，则通过和谐来维系。这一点在华为得到了完美的演绎。

适度放权　轻松管理

> 管理就像长江一样，我们修好堤坝，让水在里面自由流，管它晚上流还是白天流。晚上我们睡觉，但水还是会自动流。
>
> ——任正非

现实生活中总是有很多事情让人分神，每一个企业管理者都会面临在处理企业的问题时，分配的资源与精力不足的问题。比如每个部门都希望领导者亲自决策或主持会议，优先考虑自己部门的工作意见；投资者也希望打听公司的最新进展。

但人的精力是有限的，于是很多管理者就这样掉进忙碌却无所作为的陷阱之中，好像每天都非常忙碌，但对实现自己的目标毫无作用。于是有人提议放权，要“舍得放，敢于放”，才能回避那些让人分心的事情，才能有精力去实现自己的目标。

有的领导者开始学着放权了，但是他们发现稍微一放权，属下就会犯错，于是只好又收回权力。久而久之，管理者越来越不敢放权，属下也越来越不愿承担责任。如此就形成了一个怪圈：企业里的领导者越来越忙，下面的人却越来越闲；基层员工糊弄中层领导，中层领导敷衍高层领导，最后，一个好好的公司到了破产的边缘。

美国著名的杜邦公司第三代继承人尤金·杜邦，就是一个喜欢事必躬亲、大包大揽的人。他在掌管杜邦公司时，坚持实行一种“恺撒式”的经营管理模式，“一根针穿到底”，不愿意放权。

公司的所有决策都由他决定，所有支票都得由他亲自开具，所有契约也都得由他签订；他亲自拆信复函，一个人决定利润分配，亲自巡视全国，监督公司的几百家经销商。在每次会议上，总是他发问，别人回答。他的这种绝对掌控式管理，使杜邦公司完全失去了弹性，难以适应市场的快速变化，最后在强大的竞争中，公司连遭致命打击，到了濒临倒闭的边缘。

与此同时，尤金本人也陷入了公司错综复杂的矛盾之中，于1920年，终因体力透支而去世。其合伙者也均心力交瘁，两位董事长和秘书兼财务部长也相继去世。

企业在不断发展壮大的过程中，所要处理的事情会越来越多，但是企业领导者的个人精力和时间却是有限的，如果随着企业的不断壮大，管理者仍然是每件事情都亲力亲为，必然会焦头烂额，身心疲惫。作为一名管理者，具备一定的领导能力是非常重要的；作为一名出色的管理者，学会适当地放权更是非常重要的。

任正非刚到深圳时，准备从事技术工作，因为技术工种在那时非常吃香。但是他认识到，在这个知识爆炸的年代，无论个人多么努力，都不可能随时跟上时代的脚步，光靠一个人单打独斗是远远不够的，也不可能实现自己的理想。于是他果断决定，自己不做专家，要做企业家。后来开始组织华为团队，与大家共同奋斗。

华为成立之初，在公司决策权上，任正非从不独揽大权，而是大胆放权，任由各地“诸侯”自由发挥。在华为成立的前十年，任正非只是跑来跑去，听各路“诸侯”的工作汇报。只要他们提出方案，并能说服任正非，他就会大胆放手，其间绝不进行任何干涉，任正非全力理解他们、支持他们。这种放权的机制，让华为一直保持旺盛的创新力，推动华为走上了巅峰。

“我是被生活所迫才创立华为的。那时我已经领悟到个人的力量在历史长河中是渺小的。我深刻地体会到，组织的力量、众人的力量才是无穷的。人只有感知到自己的渺小，行为才开始伟大。”这是任正非的感悟。“也许是我无能、傻，才如此放权，使各路‘诸侯’的聪明才智大大发挥，成就了华为。”任正非认为，华为有今日的成绩是15万名员工以及客户的宽容与牵引，而他不过是用利益分享的方式将他们的才智黏合起来。

任正非曾经说过：“我个人谈不上伟大，我是个普通人，自己什么都不懂，也什么都不会，只能借助比我更专业和更有能力的人。我们不懂管理，就花钱请IBM来帮我们做流程和供应链管理，请Hay来做职位评价体系与任职资格体系。我个人能力不够，只能靠团队智慧来决策，靠机制和制度来管人。”

任正非说：“我唯一能做的，就是在大家共同研究好的文件上签上我的名字，我只是形式上的管理者。我认为大家总比我一个人想得细致一些，可以放心地签上名。假如在后来的运行中有问题，我也不会指责大家，只要再改过来就行了，经过这次事情，大家总会进步一点。这样的次数多了，大家的水平也就提高了，我也就越来越轻松了。”

因为有军队的经历，任正非对组织力量有着深刻的理解。通常一支个人能力突出但不善于配合的团队，往往会负于一支个人能力平平但整体能力突出的团队。董事与员工，在一致对外开拓时，大多数员工是积极的，但在事关自身利益时，大多数员工会选择利益；那么对于董事来说，如何让大多数员工选择集体利益就是最重要的核心。华为的核心竞争力来源于组织和个人的核心竞争力，任正非将华为员工个人的核心能力与组织的核心能力聚合，形成强大的冲击力。这种冲击力被任正非称为“狼性”。

任正非的放权，在一定程度上保证了权力的均衡性，有效地遏制了独裁管理现象的出现，可以说是取得了巨大的成果。于是组织的力量在华为完全被释放出来，使得华为增长似乎并未受到外部的冲击，哪怕是2008年的金融危机，也没有影响到华为强劲的增长势头。华为依靠对行业的理解、对技术的理解，更重要的是对组织的理解，成就了辉煌的10年。

作为一个企业的领导者，应该将自己放在一个比较低的位置上，丢掉大把大揽的做事方式，把权力放给那些值得信赖的员工，让他们意识到自己的重要性，这样就会得到更多有创意的思想和建议，这是无法用金钱去衡量的财富。

"将能而君不御者胜"是军队制胜的法宝，这对于企业来说也是一样的。每个领导者都要根据企业的实际情况适当放权，只有这样才能让企业更加健康地发展，也才能让自己更加轻松地进行管理。

放权必须与监督相结合

不规范管理将导致：公司越大，效益越低、矛盾越多、越没有竞争潜力，最后就破产了。

——任正非

2016 年，华为的全年营业收入是 5 200 亿人民币，同比增长了 32%。目前华为没有上市，不过 98.6% 的股份在华为员工手里，任正非只占公司 1.4% 的股份。对这样傲人的成就，任正非说："或许是我无能、傻，才如此放权，各路'诸侯'来到华为，发挥他们的聪明才智，最终成就了华为。

不过放权不等于弃权、放任自流，不等于什么都不管不问。海尔集团 CEO 张瑞敏说："充分地放权必须与监督相结合。如果只放权不监督，最终的结果就是四分五裂；如果不放权只监督，则会是一潭死水。因此我们要放权，但也要监督。同时，放权不是弃权，放权管理的本质就是监控和督察。"

在很多企业中，可以看到不少管理者盲目地向下属放权，做好了业绩是下属的，失败了后果由管理者承担。这样不用承担任何责任风险的放权，让下属对工作的执行和处理都打了很大的折扣。

每一个企业的领导者只有清晰地认识到权力分散的重要性，同时又懂得在放权后如何进行监督，才能取得巨大成果。

2009年新年伊始，任正非在颁奖大会的讲话中特意强调："谁来呼唤炮火，应该让听得见炮声的人来决策。而现在我们恰好是反过来的。机关不了解前线，但拥有太多的权力与资源，为了控制运营的风险，自然而然地设置了许多流程控制点，而且不愿意放权。过多的流程控制点，会降低运行效率，增加运作成本，滋生了官僚主义及教条主义。"

我们来看看华为是怎样在放权后实行有效监督的。

华为在发展的过程中，形成了针对客户的"铁三角"组织模式。该模式运作的雏形是将客户经理、产品经理、交付经理等角色融合到一起——一同见客户、一同交付、一同办公甚至一起生活，面对客户的时候不再七嘴八舌、各执一词。不但如此，大家通过融合还逐渐了解对方领域的知识和技能。

华为的轮值CEO制度，经过多年运行已十分成熟，锻炼了几位核心高层的决策能力和承压能力。同时，轮值CEO制度也是一种权力平衡之术，不仅考验轮值CEO的运营能力，更强调他们的责任心。

华为的运营商业务、消费者业务、企业业务三大业务板块，都有各当一面的好手，他们能很好地贯彻华为的战略意图，很好地执行华为的价值主张。这几年，华为这"三驾马车"都保持了快速增长。

华为还构成了"三权分立"的管理制度，其一个显著特点就是，在各个三级部门以上的组织内部，都会成立办公会议、行政管理团队，并在公司级各功能组织间成立跨部门的委员会，如战略与客户委员会、人力资源委员会等。办公会议、行政管理团队、委员会构成了华为"三权分立"的模式。

这三个组织各司其职，议事规则也不同。办公会议主要负责部门的日常业务运作；行政管理团队主要负责如干部任命之类的人力资源相关工作，不过因强调集体决策，团队领导没有最后的批准权，但却有最后的否决权；委员会侧重于“务虚”，专门讨论公司的未来发展方向等，对重大决策有否决权。这个制度的实行，避免了将权力集中在某个组织或者某个人身上，实现了权力的有效制衡。

现代管理学之父彼得·德鲁克说：“在没有约束的前提下，单纯的道德与信任是最不可靠的。靠人的操守与品德的自律是暂时的、是脆弱的，是管理的陷阱。因为人的本性首先是趋利避害的、是功利的、是物质的、是多变的，所以，没有法律制度对人性的这些弱点的约束，这些弱点就会被无限地放大。”所以，企业在放权之后，一定要进行有效的监督，只有这样才能最大限度地发挥出放权的效果。

那么管理者该怎样放权呢？给大家几点建议。

第一，虽然放权了，但是要保持系统知情。

知情就是虽然领导者放手给下属去做，但是需要了解，用佛家的话语叫保持觉知。不过这里领导者需要注意的是：当知道时，不要马上有反应，因为一反应就会变成没有放权，那么就又掉入放责不放权的怪圈中，什么都还得听自己的，什么事情都是自己说了算，什么事情还得亲力亲为，这样还是会很累。就像开车一样，我们只保持知道方向与目的地，而不指挥司机该怎么开，指导他什么时候加速、减速，什么时候加油、拐弯。

第二，做到权、责、利相当。

我们知道，想要保持天平两端的平衡，就要在天平的两端放质量相等的物品。那么，如果管理者放权时想要保持平衡，就应该给相应的责任和利益，这样天平还会继续维持平衡。想要权、责、利相当，那么就在增加或减少权利的时候相应地增加或减少责任和利益。

第三，系统放权、系统纠责、系统分利。

所谓系统，可以把它理解为管理的流程制度、企业的运营机制、企业的绩效评估。所有管理的方式、方法、机制构建成一个系统。

打个比方来说，系统放权就是企业规定好司机有车辆使用权、车辆维护权、监督权等。

系统纠责的意思就是，在这个司机入职之前就告诉他，违章一次公司与他各承担多少责任，这里要划分清楚各自需要承担的责任，不能所有责任都由公司承担，也不能所有责任都由司机承担。

系统分利，就是确定这个司机做到什么程度时，他的职等职级会对应一定的分利。

系统放权、系统纠责、系统分利三者有效结合，在调动员工积极性的同时还提高了效率。

权力如果没有监督就必然会导致腐败。为了让被授权者在得到权力之后更好地向公司目标前行，就不得不实行恰当有效的监督管理。放权必须在合理有效的监督下进行，这是规避企业风险的最好办法。

敢于放权是独特的用人选材之道

我们留给公司的财富只有两样：一是管理架构、流程与IT支撑的管理体系，二是对人的管理和激励机制。

——任正非

一位北大毕业的高材生，刚到华为时，就公司的经营战略问题给任正非洋洋洒洒写了一封“万言书”，可能原想凭借自己独到的见解来让领导发现自己的能力，结果却得到了任正非“建议辞退”的批复。

有不少人对任正非的这个批复很不理解，看在人家刚来就敢于提意见的勇气上，如果说得不对不采纳就算了，为什么建议辞退呢？任正非却不这么认为。在他看来，没有脚踏实地实践过的人，如果给了他发言的机会，往往会“坑”了一个管理者。刚来的新人没做过管理，根本不懂企业管理的一些套路，他只会从自己的角度去看待问题。在这样的情况下，如果重视这种“万言书”就等于把管理者带到了坑里。

虽然说不想当将军的士兵不是好士兵，但是如果一个士兵不去完成当下的任务，而只忙着给将军提意见，诉说军队种种弊端，说军队应该怎么改，这个仗还能打吗？

是啊，一个人的位置会决定他的视野，一个新来的员工永远无法全面地看清企业存在的问题。当他还对企业所处的市场环境、商业模式、管理策略一无所知时，他所提的意见会是正确的吗？并且这个新人还觉得自己能力出众，这种人不符合华为的用人观。

华为敢于放权，主要是因为已经有了一套成熟的用人选材方法，辅之相应的管理机制，这样即使把权力都下放出去，公司也不会出现问题。我们来看看华为的用人选材观。

第一，华为的干部都是从有成功实践经验的人中选拔的。

在华为的定岗中，干部定岗的最高标准就是实践。华为一直强调要从有成功经验的人中选拔、培养干部，反对纸上空谈。那些有成功经验的员工，有一定的管理方法和领导能力，只要加以培养，更容易吸收公司的管理方法。

华为选拔的管理者要具备踏实的办事能力、强烈的服务意识与社会责任感，能够不断提高自身的驾驭与管理能力。那些找不到事做又不知如何做事的管理者，就会面临被淘汰的危险。

华为要求中高层管理者要具备自我提高的能力，能够很快地适应社会和企业的发展；每个管理者还必须充分理解华为的核心价值观，具有自我批判能力；要关心下属，善于倾听不同的意见，还要能够与持有不同意见的人交朋友。

为了保持华为的活力，华为的干部不是终身制，高级干部也要能上能下。对于一个不负责任而在岗位上的人，要进行革职处理；对于一个长期在岗位上不负责的人，要立即辞退。

第二，华为会先从成功的团队中选拔干部。

虽然从大势上来说，华为是不以成败论英雄的，但是对于基层干部来说，如果在本职范围内不能与团队一起成功，那么是不会被肯定的。一个人领导一个小团队都不能成功，又怎么能带领好一个大团队呢？华为的干部都是从一些成功的团队中选拔出来的。

第三，华为在选拔干部时用全球化的视野去挑选。

华为需要的管理者是对市场有深刻体验和宽文化背景的人，这个宽文化背景就是什么都懂一点。为了能让高级干部都具备宽文化背景，华为还让干部进行一些必要的循环，去相互学习。

华为的很多年轻人悟性很高，也有激情，就是没经验、没方法，这时就需要一个“明白人”带一带。华为的基本策略就是引进少量高成本的“明白人”，让他们带起来一批低成本的“聪明人”。这个招进来的“明白人”，要利用自己的经验和方法，把自己的队伍带起来。

另外，华为的机关干部必须到海外去锻炼，要长期待在国外，完成项目工作。总部机关的干部一定要对自己服务的业务有成功的实践经验，还要有快速准确、任劳任怨的服务精神与服务能力。

第四，华为实行赛马文化，选拔干部时重实绩。

华为的用人机制是公平竞争、竞争择优。选拔人才看重的是实绩，如果连本职工作都做不好，那就更做不好其他工作了。把那些跑在前 25% 的人才留下来，交给相关部门去考察。

选拔上来的干部要实行定责，在不断变化升级的体制中，人才干部的职责与责任不断加深。等干部成长后，会成为纵深发展的战役家。

第五，华为会优先从影响公司长远发展的关键事件中考察和选拔干部。

因为华为实行的是放权，所以在选拔管理者时，要选拔培养的是对公司忠诚、艰苦奋斗、绩效好和在关键事件考核中较突出的优秀骨干。在选拔后培养一些后备干部时，也注重其在关键事件、突发事件、组织利益与个人利益冲突时的立场与行为。

对公司的忠诚度主要体现在战胜敌人、守住家业的一些关键事件上的表现上。当公司的经营出现问题时，公司会重视员工的态度和言行，这时公司的核心员工必须要有自己的鲜明立场、敢于为公司利益而坚持原则。

华为核心员工的选拔，主要考察的就是忠诚度，员工的忠诚必须经得起时间的考验，当然这些员工还要具备一定的业务能力，能够在公司发展面临重大机遇或风险时，发挥一定的业务骨干作用。

但是华为对人才也不求全责备，不要求每个人都成为完美的人。只要这个人思想、道德没有问题，就会宽容地对待；如果道德品质有问题，那么坚决不用。

正是因为这种选拔人才的办法，才让华为在放权时不仅没有出现管理上的问题，还越来越好。很多公司也想放权，但是在放权之前，可以先看看华为的用人选材之道，放权之前要好好想想：适合的人才是否已经培养好。

放权后，让员工对自己负责

> 我们要逐步摆脱对资金的依赖、对技术的依赖、对人才的依赖，使企业从必然王国走向自由王国，建立起比较合理的管理机制。
>
> ——任正非

著名企业家松下幸之助说："做人跟做企业都是一样的，第一要诀就是要勇于承担责任。勇于承担责任就像是树木的根，如果没有了根，那么树木也就没有了生命。"

在华为，一个不能承担责任、总把问题推给别人的员工，不但得不到晋升，甚至连工作机会都可能失去。只有那些勇于承担责任的员工，在出现问题时不掩饰、不推拖，而是积极地想办法解决，才能受到领导的欣赏和器重。责任向来都伴随着机会，没有责任就没有机会，责任越大机会也就越多。

为了改变华为员工的一些习惯，任正非说："现在流程上运作的干部，他们还习惯于事事都请示上级，这是错的。已经有规定或者成为惯例的事，不必请示，应快速让它通过。"

华为规定，对员工放权，只要出现问题，员工就可以先动手解决，而不用再像过去那样：先汇报，等一层层批示之后，再按照命令做事。事实上，只要问题不是太严重，只要不涉及重大利益，员工完全可以在职责范围内予以解决。对事负责制是建立在流程管理基础之上的制度，能够充分调动员工的主观能动性，并提升员工的责任感和执行力。

2005年，一位刚毕业的大学生来到华为的研发部门工作。一天，这位新员工忽然发现在很多无线通信类产品线中，出现了大批不合格产品。这是怎么回事呢？他开始寻找原因。经过一个下午的努力，这位新员工终于发现原因出在生产设备上，他马上向上级报告了此事。不过正好到了周末，这位员工就利用周末的时间，自己对设备进行维修，最终让设备恢复运转，从而确保了设备在工作日的正常运转。

这个举动，让华为避免了很大的损失。一个生产线，每一天的产量巨大，如果等到上班时再让领导下达任务，这个损失可想而知。再说，如果这批不合格的产品流入市场，还会让企业的形象受损。这位大学生在发现问题后，马上主动去解决了这件事，这样认真负责的态度值得人称赞。一年后，上级领导就提拔了这位大学生，让他担任了所在研发部门的管理者。

为公司尽心尽责的员工，相信是很多领导希望拥有的。但是当大多企业出现问题，管理者询问原因时，得到最多的回答就是“我不知道”“我不清楚这是怎么回事”“这事不归我管，我也不清楚”。为什么同样是员工，差别就这么大呢？

从心理学角度讲，人们都希望“拥有”自己的工作，也就是说，人们希望对自己所从事的工作负完全责任，希望拥有自主决策权，可以独立开展工作，实践自己的想法，希望充分发挥自己的主观能动性。

员工不勇于承担责任的原因可能是：没有自己做主解决问题的权力，问题解决了还行，如果问题没有解决还要承担后果；工作的分工不明确，责任也没有真正明确和落实到个人；责任和权力无法对应起来，员工肩负的责任过重，然而资源调动和收获的权与利却十分微薄。

此外，员工不勇于承担责任还可能是因为没有强有力的奖惩制度作为支撑，做错了要承担后果，做对了也没有任何奖励；也可能是缺乏公平、公正的内部竞争机制，责任承担的轻与重对个人职业发展没有丝毫帮助——承担责任者得不到提升，不承担责任者反倒因为没有犯错能够得到提升等。

所以，想要拥有用心负责的好员工，企业的领导者应该先把导致员工逃避责任的真正原因找出来，加以消除，并给予员工勇于承担责任的勇气。这样团队领导者身上背负的责任都将得到支撑和化解，管理工作将变得轻松而有效。

怎样才能调动员工的积极性，让员工心甘情愿地对自己的工作全权负责呢？可以参考以下几点。

第一，将责任明确分解到具体的个人。

经常看到有管理者这样下达任务："你们几个把这件事情处理好。"这种把一件事情同时分配给两个人或多个人的做法，只会导致责任分解不明确。一旦出现问题，就无可避免地出现推卸责任的情况，管理者根本无法判断责任究竟属于谁。

只有将一件事交给具体的某个员工处理，才会从根本上杜绝推卸责任情况的出现。对于那些一个人难以承担的责任，就把它分解成若干个小责任，再由相应的人各自承担。责任明确到个人，追责就有了明确的目标。

第二，任务必须由一个人负责到底。

如果一个任务，今天让这个员工负责，明天让另一个员工负责，也会导致相互推卸责任的情况出现。多人轮流承担一个任务，很难准确地判断问题究竟出在哪一环节。只有让一个人负责到底，才会杜绝推卸责任情况的发生。即使不得不更换责任人，也要将前一个责任人的工作进行全面细致地评估、考核，明确具体的进展情况，然后再替换责任人。

第三，责任和权力必须对等。

很多管理者在分配责任时，让员工承担的责任很大，但是给予其物力、人力、财力等资源调配的权力却很少，这样很难让员工有效地开展工作，从而完成任务。只有让权力和责任对等，分配责任的同时赋予相应的权力，这样才能让员工真正履行起自己的责任。

第四，责任和收益必须对称。

任正非在创建华为之初，就提出“分担责任，分享利益”的创业理念。他就是要通过建立员工持股制度，来实现利益分享，来聚集人心、团结员工。分担责任与分享利益实质上是相辅相成的。公司让你承担多少责任与业务压力，你就能分享到与承担责任相对等的报酬，并且这些报酬可以算入公司股份。也就是说，只要你持续不断地创新、努力，帮助把公司这块蛋糕做大，你所获取的利益也将随之增加。

华为给予每一个员工决策权、让每个员工对自己负责的做法，不仅有效激发了员工的潜力与活力，也让企业领导者能够更高效地管理团队。

要绩效精神，不要绩效主义

> 必须提高单位时间的效益。怎么提高效益？就是简化管理。有管理进步的愿望，而没有良好的管理方法与手段，必定效率低下，难免死亡。
>
> ——任正非

影响华为获得成功的因素有很多，其中的绩效管理非常值得学习。下面从绩效管理的四个流程——绩效计划、绩效辅导与实施、绩效评估以及结果与反馈应用，来梳理一下华为的绩效考核办法。

第一，绩效计划。

华为很早致力于成为世界一流的通信企业，为此制订出自己的业务目标规划。公司高层在全公司范围内制定了六个 KPI（关键绩效指标）：人与文化、技术创新、制造优势、顾客服务、市场领先和利润增长。华为还实行严格的 PBC（Personal Business Commitment，个人业务承诺）计划。

当然，PBC 计划不是轻易制订的，而是采取自上而下的方式来制订：首先将公司的目标逐一分解到每个部门，然后由每个部门的员工根据部门的年度目标确定个人 PBC。PBC 计划是华为对每个员工的期望和考核的标准。

从 2009 年开始，华为员工每半年就制订一个周期的 PBC 计划，二级部门主管以上则以一年为一个周期进行设计。对于员工的 PBC 计划，要求必须有明确的权重区分及目标的衡量标准，符合 SMART 原则（具体、量化、有适度的挑战性、有时限）。当然，员工的 PBC 计划应该与公司的组织目标保持一致。

第二，绩效辅导与实施。

华为员工的绩效计划制订好后，不是放任不管，而是要求公司主管对下属进行指导沟通，并且每半年必须进行三次以上的正式面谈。只有这样，上级主管才能随时掌握下属的进度，并及时跟进。对于那些不严格执行的部门，华为会进行严格的处罚。

华为通过这样的辅导了解员工的工作进度，并及时给予员工以帮助和资源上的支持，指导员工完成任务，这样避免了员工计划的延误和拖延，从而让华为的目标得以实现。

可以看出，沟通始终贯穿在华为的每一步工作中，这就是为什么同样是军事化管理，富士康产生了那么多问题，而华为却让每一个华为人自豪。同样实行绩效考核，华为的业绩越来越好，而索尼却衰败了下去。可能最大的不同在于两者虽同样实行绩效考核，但是华为追求的是绩效精神，而索尼追求的是绩效主义。

索尼公司董事长在总结索尼公司的衰败时说："今天的索尼员工好像已经没有了自发的动机。为什么呢？我认为是因为实行了绩效主义。"索尼公司董事长认为，只要是实行绩效主义的企业，都会流于形式，容易忽视一些扎实细致的工作。这些被忽视的细致工作导致了企业最终的失败。

任正非也担心会出现这样的情况，他说："这是一个大的战略，我非常担心这个战略落实不好。因为，有使命感、努力贡献的人，不一定是乖孩子，华为的文件过去许多是管乖孩子的。如果这些努力贡献者没有得到利益，这是我们的战略失败。"在绩效评估时，任正非采取了其他的措施去完善这个僵硬的制度。

第三，绩效评估。

华为要求绩效考核指标尽可能具体而且量化，所以华为的考核部门积极分析思考，尽量把考核指标制定得容易衡量。比如，针对不好考核的人力资源部门，把员工招聘完成率和员工的离职率作为定性指标，把新员工培训完成率和培训满意度作为另一个定性指标。

合理的考核指标帮助华为员工用数字说明工作的完成情况，也方便员工对未来工作计划进行清晰地梳理。这种不僵硬的指标，才是追求绩效考核的精神，而不是简单的绩效形式主义。

在评估方面，华为在关注员工绩效的同时，更加关注团队的考评。华为有这样的规定：在年终评定中，业绩不好的团队原则上不能提拔干部，也不允许跨部门提拔。也就是说，员工个人的业绩会受到部门整体考评结果的影响，如果部门整体业绩不达标，那么员工个人的升迁和奖金都会受到很大的影响。所以，华为的团队考评驱动各部门或团队的员工上下同心，进而促进了公司整体的业绩增长。

为了避免绩效考核流于形式，任正非说："文件的条款是严格的，但执行中要灵活授权，各个部门如果认为对某个具体的人不合理，你们就可以不执行公司的文件，你们要敢于为那些有缺点的优秀奋斗者说话。我今天要解释的问题就是，这些文件的条条框框与部门主管判断这个人是否是奋斗者发生冲突时，我们认为还是部门说了算，我们这个文件是告诉大家以后的方向。在公司价值观和导向指引下，基于政策和制度，各级管理团队应实事求是、非僵化地执行、落实和操作，并对执行结果承担责任。同时通过这样的过程，不断优化我们的政策。"

任正非也明白，制度是"死"的，但是执行制度的人是"活"的，在具体执行时要灵活掌握，不能僵化地去执行，这样就不会让绩效考核流于形式。

第四，结果反馈与应用。

在华为，绩效考核结果出来之后，各级主管必须在第一时间与员工进行沟通，对绩效评定结果进行解释说明，并帮助员工制订下一期 PBC 计划。如果员工对绩效评定结果不认同，那么可以向人力资源部或经理团队进行投诉。

华为要求对员工绩效考评结果必须有优、良、差的强制分布，当然，与之相对应的就是泾渭分明的奖惩制度，这样才能更好地激励员工。半年度绩效评定的结果，跟员工的工资无关，主要作为人员培训、任命、调薪、评优和岗位匹配等的参考评价依据。年度的绩效主要与年终奖挂钩。

从华为的绩效考核管理分析可以看出，想要将企业的绩效考核真正有效执行，并且取得好的结果，还是要重视绩效精神，而不是流于绩效主义。否则，绩效考核很可能会成为上下和气、有名无实的例行公事，考核也就失去了它原本应有的意义。

华为绩效管理的独特之处

> 公司必须在工资增长的同时，实现效益更快增长，而不应是工资增长速度超过了效益增长速度。我们一定要保证，个人收入增长率不超过公司劳动生产率的增长率，这样公司才能持续发展。
>
> ——任正非

随着华为的规模越来越大，对未来的考虑也就越来越多，战略层面的考量必须要落实到具体的岗位上。于是从 2002 年开始，华为的考核开始采用绩效管理模式，包括财务指标、客户指标、内部运营指标和学习与发展指标。考核的内容也不再局限于当前，还要考虑未来；不仅要看结果，还要看过程。

华为的绩效管理在学习了 IBM 的考评工具后，又进行了不断优化和修正，从而形成了一套独有的绩效考评体系。现在华为的绩效管理，不仅仅是常规意义上的考核，也是企业管理的过程，是人力资源管理的过程。华为的绩效管理从六个方面展现了其管理思想，这就是华为绩效管理的独特之处。

第一，华为的考核实际上是一种对业务、岗位梳理和定位的过程。

别的公司可能由上级直接指定指标，而华为在目标设定阶段，就要求被考核者主动思考，想清楚自己部门或者岗位对组织的独特价值。不要小看了这个简单的不同，被考核者的这种思考不仅有助于战略的落实和高层目标的分解，也有助于对未来时间和精力进行划分。

这个不同让管理者和考核者都要思考：部门或个人需要什么样的资源组合才能完成部门的目标。员工只有全面考虑了自身的情况、周边的协调能力、个人的承诺、过程的资源调度、能力分析、风险控制等方面后，才能制订并完成自己的 PBC 计划。

第二，华为的绩效考核要求被考核者与管理者通过不断地沟通、协调来完成自身工作。

首先，考核的双方为了就目标结果达成共识，需要进行多次沟通。这个沟通过程也促使双方都重新审视自己：考核的目标体现了其独特价值贡献吗？个人与组织的目标符合吗？自己的能力得到了有效的发挥吗？自己有完成这些工作的能力吗？组织资源能够支撑员工有效地完成目标吗？

其次，在日常的周例会、月底会议以及项目关键节点，双方都会坐下来看看目标的完成情况，并积极解决在工作中出现和存在的问题。

最后，双方还需要对考核的结果进行多次沟通，并制定下一个目标。沟通和博弈贯穿于整个绩效考核过程，经常沟通可以保证双方对考核过程有一个全面回顾，从而避免了感情用事，也会让被考核者进行反思。

如果双方不能就考核结果达成一致，被考核者有权申诉。如果双方中的任何一方不注重沟通过程，最终的绩效目标偏移会给双方都带来负面的评价和影响。

第三，华为的绩效考核不仅仅是在考核员工，同时还要求管理者对下属的具体工作给予指导和监督。

管理者在审视下属的 PBC 计划时，会强调其工作步骤的设计是否能有效支撑其目标的达成。在考核周期里，管理者会根据被考核者 PBC 计划中的重点工作设立监控点。考核者会在监控点重点检查被考核者的工作，如工作举措执行是否到位、有无风险、能否按期完成等。

管理者如果发现其存在的问题，就必须及时纠正。必要时，管理者甚至通过调整资源配置、改变组织目标等手段来完成对过程的管控。当然，工作监控不仅针对被考核者，同时也在考核管理者。如果管理者不能通过监控来引导被考核者完成目标，那么这就是管理者的失败。

四、华为绩效管理中新增了一项关键内容，那就是个人能力的提升。

员工对自己能力的分析，是自我认知和自我评价，在这里可以向上级要求支持和培养。如果能够好好利用这一部分，那么被考核者就能够得到上级充分的支持还有资源。这样的考核方式要求主管必须加强对员工的培养，要求主管抽出一部分精力来关注员工的发展，对被考核者认识到的不足，还要给出自己的建议和指导。因此，每个被考核者都能够不断得到培训和指导，从而提高了他们的个人能力。

五、华为的绩效考核加强了团队协作。

华为公司大多数员工的考核指标中都有 5%—10%，或者更高比例的团队协作指标，这就要求员工必须好好与周边部门合作。当然这个考核结果不是自己说了算，而是受到上级部门、周边部门的监控，他们的监控既体现了华为文化中的团队合作，也形成了团队的竞争和互相督促的氛围，打通了跨部门的流程墙并降低了管理风险。

六、华为的绩效考核有助于管理者自身的发展。

一直以来，华为人力资源体系都非常关注管理者自身的发展，因此每次考核开始和结果运用时，人力资源部都会不断地提醒各级主管要沟通、要就考评结果与被考核者达成一致等。对于考核者，华为还有专门相应课程和培训，以确保考核者对这些考核精神的理解和执行。

因为华为对员工的考核结果应用力度很大，所以要求考核双方都要慎重，不能糊弄。员工考核结果的运用，不仅仅关乎近期的收益（岗位调整、奖金发放和股票配置），还与员工之后的职业生涯与考核也有不可分割的关系。

从华为的绩效管理中可以看出，华为不只是注重形式的绩效，最主要的是把绩效精神贯穿于整个工作流程，虽然用绩效来考核，但关注的还是员工真正的成长。一个公司，只有员工能力都很强，并且认真负责，公司忠诚，才是战无不胜的。

第九章

华为的社会责任：成就越大的人，责任也越大

成功的企业要造福社会

时代在呼唤我们，祖国的责任、人类的命运要靠我们去承担，我们处在这个伟大的时代，为什么不用自己的青春去创造奇迹？人的生命只有一次，青春只有短短的几十年，我们要无怨无悔地去度过。

——任正非

“企业社会责任”这一概念，最早是由西方发达国家提出的，近些年开始流行起来。就连《财富》和《福布斯》这样的商业杂志，在给企业排名时都加上了“社会责任”这个标准，可见大家对企业社会责任的重视。

企业社会责任是指企业在创造利润、对股东和员工承担法律责任的同时，还要承担对消费者、社区和环境的责任。企业的社会责任强调企业在生产过程中对人的价值的关注，强调对环境、消费者、社会的贡献。

中国企业目前大多急功近利。怎样摆正企业与社会的关系，如何让企业履行社会责任，企业到底应该肩负起哪些社会责任，大多数企业还茫然无知，但是华为在这方面做得特别好。

华为从2008年开始，就每年都发布企业社会责任（CSR）报告，并获得了由中国企业评价协会和清华大学社会科学学院评选的“2015中国企业社会责任500强”第一名。

从2010年开始，华为还聘请了第三方审计机构，对公司的CSR报告进行审验，并出具单独的审验报告。从这些细节可以看出，华为对企业社会责任非常重视。

员工方面，华为的员工来自全球一百多个国家和地区，体现了华为“员工多元化”的目标。华为重视女性管理者的选拔，在同等条件下优先选用女性员工，2015年，华为女性管理者的比例是8%。华为还建立了e-learning学习平台，让员工可以随时随地通过网络接受培训。

在任何时候、任何情况下，华为都坚持员工生命安全第一，并让员工谨记“生命重于一切”的理念。华为提倡“高效工作，快乐生活”，为员工创造高效、轻松和关爱的工作氛围，提升员工的幸福感。

经济方面，华为不仅给所在国家带来了直接的税收、就业、产业链带动效应，还通过创新的方案打造了数字化引擎，推动各行各业数字化转型，促进了经济增长，提升了人们的生活质量。

环境方面，华为提倡绿色节能，一直把节能减排作为公司创新中最重要的要素之一，把节能减排贯彻到规划、设计、研发和制造之中，积极推动节能减排标准的研究和落实。

华为还将温室气体管理作为企业运营活动的一部分，用国际标准来识别温室气体排放，并采取有效的节能减排行动。

社会方面，华为主要聚焦在回馈社区、消除数字鸿沟、绿色环保、保障网络安全稳定运行四个方面。2015年华为发布了首份消除数字鸿沟的白皮书，帮助埃塞俄比亚5万名学生接入网络产品，在全球建设了1 500多个网络，解决方案应用于170多个国家和地区，帮助世界超过1/3的人口实现了上网目标。

华为在做大的同时，也一直践行着该承担的企业社会责任，这为其他企业树立了榜样。

企业来自社会，也必将还原于社会。企业的生存、发展或者灭亡，都要有社会来承接其失败的代价。更主要的是，社会是企业的生存环境，如果没有一个好的环境，企业也难以生存，因此企业与社会是一个共荣体。企业肩负着许多不可推卸的社会责任，尤其是那些成功的企业，更要造福于社会。

对于一个企业来说，盈利是它的根本目的，但是一个企业如果只想着利益，那么它就是一个失败的企业。企业是伴随着人类社会的发展而发展的，如果一个企业在发展的同时还兼顾造福社会，那么它也就具备了成为一个伟大企业所具备的先决条件，这样的企业才会赢得民心。此外，承担了社会责任的企业，还会让它的员工产生自豪感。毕竟为社会的发展做出贡献，对于每一个参与进来的人来说，都是一件自豪的事情。

德鲁克基金会主席，著名领导力大师弗兰西斯女士说："一个强有力的组织必须要靠使命推动。"一个企业的伟大使命始终有着强烈的社会责任感，有着强烈的爱国主义情怀。作为军人出身的任正非，一直将他思想中的爱国主义情怀融入华为的发展之中。

1994年，华为推出了公司的新logo。新logo是一个呈红色放射状、如皇冠一样的标志。公司在采用此标志时，曾把它与中国之崛起紧密关联在一起，赋予了它强烈的象征意味和符号色彩——鲜明的红色，像一轮初升的太阳，积极、热情，展示出蓬勃生机和吸引力，寓意华为对事业、对用户的真诚投入。

1998年通过的《华为基本法》中，"核心价值观"的"精神"一条指出"爱祖国、爱人民、爱事业和爱生活是我们凝聚力的源泉。""社会责任"一条表示："华为以产业报国和科教兴国为己任，以公司的发展为所在社区做出贡献。为伟大祖国的繁荣昌盛，为中华民族的振兴，为自己和家人的幸福而不懈努力。"

像这样的事情还有很多，里面都表现出华为将国家的发展、民族的振兴同公司的发展紧密地结合在一起，将社会责任感转化为企业精神，这样，在激发员工热爱公司的同时也激发了他们热爱祖国、热爱人民的强烈意识。

如果身处于一个以民族振兴为己任的企业里，身上的荣誉感也会剧增。工作的时候，你会想到自己不仅在为自己工作，也是在为人民工作，为国家工作，是在为社会造福，那么你的工作积极性就会提高。员工的积极性提高后，敢说这样的企业不会强大起来吗?

企业的价值在于能对其所处的社会贡献价值，也就是说企业的终极目的在于为社会创造财富。如果企业不承担社会责任，只是一味追求经济利益，就有可能会造成实现自身经济利益的同时，冲击或者破坏了社会利益，对社会来说，这样的企业就没有存在的价值和必要了。所以，一个企业要造福社会，做有责任心、有良心的企业，做百年企业。

企业要懂得回报社会

每个人都应在保护世界环境资源中发挥自身作用。

——任正非

一个企业仅仅依靠自己的力量，想要做到百年不衰，基本是不可能的。想要打造一个百年企业，必须有社会的帮助和支持。企业一步步发展壮大起来，离不开社会各方面的帮助。企业获得的荣誉也是社会给予的，因此企业要懂得去感恩和回报社会。一个企业只有“取之于民，用之于民”才能不断地发展壮大。企业只有将自己当作公众的、社会的企业，才能得到更好的发展。

2005 年，任正非被美国《时代周刊》评为“年度全球最具影响力的 100 人”；2012 年、2013 年，任正非又在《财富》评选的“中国最具影响力的商界领袖”榜单中蝉联第一。这些荣誉，并不仅仅只是因为任正非的财富，更多的是因为他身为一位成功企业家所积极担负自己和华为的社会责任，从不懈怠。

1997 年，华为还处于艰难的创业初期，但那时公司就向教育部捐献了 2 500 万元，用来创立“寒门学子基金”，希望给那些想读书却又读不起书的孩子以切实的帮助。

此外，华为还致力于通过通信技术改善教育环境，让更多的年轻人获得受教育的机会。

2008年，华为启动了“未来种子”项目，这个项目致力于通信技术和知识的普及，帮助那些欠发达的地区培养ICT（信息和通信技术）人才，通过人才填补理论和实践间的鸿沟、掌握行业发展所需技能、推动知识的转移。截至2017年年底，该项目已经在全球108个国家和地区撒下希望的种子，让全球350所高校的30 000余名学生从中受益。

2014年，华为又在马来西亚国油大学（UTP）成立了华为大学教学实验室（HUTL），也称为UTP-华为通信实验室（UHCL）。该实验室主要落实双方的培训研发战略，同时帮助在校大学生和刚走出校园的应届毕业生提高技能，并掌握通信行业的相关专业知识。

华为还在波兰支持教育部在789所学校推行的“School with Class 2.0”项目，鼓励学生自主创新。华为在匈牙利也设立了华为“未来创新领袖奖学金”，资助高校优秀学生。

为什么华为如此热衷于教育行业的公益呢？因为任正非说，教育是创造机会的关键，教育可以让所在国家持续和公平地发展。当然，作为一个有责任感的企业，华为所做的贡献远不止如此。

华为还致力于为其所在社区做出贡献，创造更美好的世界。华为澳大利亚分公司与“Tour de Cure”基金会一起合作，支持社区抗击癌症；华为尼日利亚分工会与Nungtso慈善基金会一起，帮助欠发达社区改善生活条件。

2014年，华为在赞比亚首都卢萨卡举办了一场大型慈善支票捐赠仪式，有超过29个慈善机构收到来自华为的捐赠，捐赠总额超过了4 500万美元。受赠的慈善机构涵盖了社会公益的各个方面，包括社区医疗条件的改善、社区用水、孤儿救助、残疾人保障等。这次活动有力地支持了当地慈善事业的发展，展现了华为回报社会的企业形象。赞比亚劳动及社会保障部部长感叹道：“这次捐赠是赞比亚全天候老朋友——中国以及其全球领先的华为公司送的一份厚礼。”

一直以来，华为都坚持秉承“绿色通信、绿色华为、绿色世界”的理念，不断为环境保护和可持续发展做出自己的贡献。

任正非说：“每个人都应在保护世界环境资源中发挥自身作用。”这是任正非一直强调的观念，也是任正非时刻谨记回报社会、为公益事业出力的责任感使然。

每一个成功的企业在积累财富的同时，也不断地从社会汲取着营养。企业的发展和社会是分不开的，没有任何一个企业的发展能够脱离社会，没有社会的繁荣发展，企业的快速发展也无从谈起。企业在追求利益的时候，要记住钱是赚不完的，作为一个汲取者，在汲取的时候要懂得回报社会，也要承担起自己的社会责任。只有企业与社会共同进步和发展，只有社会繁荣了才能给企业提供源源不断的营养，企业才能长青。

华为刚刚创立时，正是中国改革开放初期，那时中国的经济发展还处在起步阶段，华为也是摸着石头过河的，中间经历了很多困难和挫折，同是当时国家改革开放的政策，也给了华为一个可以施展自己能力的机遇，正是这个机遇成就了如今的华为。一直以来华为都有着自己独特的民族主义情怀，这跟华为的经历有关，华为感恩于社会的给予，并且一直以来用自己的方法回馈社会。

2000年年底，在华为的“欢送海外将士出征大会”上，任正非慷慨陈词，说道：“是英雄儿女，就要挺身而出，奔赴市场最需要的地方……为了祖国的繁荣昌盛，为了中华民族的振兴，也为了华为的发展与自己的幸福，要努力奋斗。在这样的时候，一个企业有全球性的战略眼光才能发愤图强；一个民族汲取全球性的精髓才能繁荣昌盛；一个公司建立全球性的商业生态系统才能生生不息。所以我们要选择在这样一个世纪交换的历史时刻，主动迈出我们融合到世界主流的一步。”

华为在很多事情中都体现了浓浓的家国情怀。当初创立华为时，通信设备被外国垄断，军人出生的任正非就取了“心系中华，有所作为”中的最后两个字，作为公司的名字。正是这样的情怀，激励着无数华为人不断前进，在前进的过程中也不忘随时回报社会。

钱来自社会，也要用于社会

公司要求每一个员工，要热爱自己的祖国，热爱我们这个刚刚开始振兴的民族。只有背负着民族的希望，才能进行艰苦的搏击，而无怨无悔。

——任正非

企业的目标是赚钱，但是一家企业价值的大小跟钱的多少没有必然关。人们不会因为这家企业会赚钱就去尊重它，而是因为这家企业会改变和影响世界，会完善社会和未来才去尊重它。

一家企业，尤其是成功的负责任企业，要积极纳税和创造就业机会，在用好社会资源的同时，也要为社会谋福利，要将来自社会的钱再用于社会，让企业的商业模式和社会责任融合在一起，为社会提供好的产品和服务。企业不能一边做着对社会有害的事，一边再捐些钱买平安，这样不负责任的企业是做不长久的。

企业家要看清楚钱的本质——钱是用来让社会进步的资源。企业家手中的钱，是责任和担当的象征。手中的钱越多，代表着能力越大，也表示责任越大。

有的企业家认为钱是自己辛苦挣来的，是属于自己的私有财产，于是把企业的钱用于个人挥霍；有的企业家认为，虽然钱是通过自己的努力挣来的，但是如果没有社会的帮助，自己不会挣到，于是把部分钱用来回报社会，为社会公益贡献自己的力量。相对于第一种企业家，第二种企业家更是尊敬，任正非就是第二种企业家。

华为的2017年年报数据显示，公司的年销售收入达到6 036亿元，同比增长15.7%；净利润为475亿元，同比增长28.1%。在当时全球通信设备行业都不景气的情况下，华为能够取得如此傲人的成绩，可以说是非常了不起的。华为在公布收益情况的同时，也在同年的年报中公布了公司的股权状况，当时的结果是非常令人惊讶的；截至2017年底，任正非的持股比例仅为1%，员工的持股比例高达99%。

作为一家民营企业，员工持股有如此高的比例是非常罕见的。但是正因为任正非的“分钱分得好”的模式，才让华为创下了一个又一个奇迹。从这个持股比例可以看出，任正非对金钱并没有强烈的渴望，他始终把员工的利益放在第一位，他觉得这些钱是员工挣来的，理应全部“归还”给员工，自己只是拿了应得的那一部分。

其实很多民营企业家认为，企业是自己辛辛苦苦打造的，赚到钱都要归自己，要不自己当初冒着那么大风险开办企业干什么呢？员工，自己又没拖欠他们工资，给他们开的也是高薪，这不是已经待遇很好了吗？但是任正非不这么认为，他觉得华为取得的财富是华为人共同创造的，理应大家一起分享。任正非曾经说过：“我们今天是利益共同体，明天就是命运共同体。当我们建成内耗小、活力大的群体时，抵御风雨的能力就增强了，才可以在国际市场的大风暴中去搏击。”

当然，华为除了给予员工相应的股份这种实质性的回报之外，也十分注重员工的身心健康发展，为员工提供了各种保障，确保他们在一个安全舒适的环境下开展工作。

华为注重员工的平等就业，遵守相关国际公约，从没有出现过就业歧视案例。除此之外，华为还为员工提供相关的法律培训和课程。华为还关注女性员工，注重培养女性干部，建立“铿锵玫瑰俱乐部”，为女性员工的发展提供良好的条件。

华为为员工建立了完善的社会保障体系，除了为员工缴纳当地法律规定的各种保险之外，还根据企业特点，为员工购买了包含人身意外、重大疾病等商业保险，既确保员工有一个稳定的工作基础，也给员工带来了安全保障。除此之外，华为为经济困难的员工提供了各种援助工作，提供经济和其他各方面的支持。截至2013年，华为在员工的保障方面就投入了663亿元人民币。

华为在带领员工一起创造财富的同时，也为社会做出了巨大的贡献。华为是国家的缴税大户，30年来已经累计向国家纳税3 000亿。同时，在国家面临灾难时华为也慷慨解囊，提供了大量的资金支持。

1996年，云南丽江发生了7.0级地震，在得知灾难发生后的第一时间，华为就向地震灾区捐赠了20万元和两套通信设备；1998年，中国遭遇了百年一遇的洪水灾害，华为一次性捐赠了4 000万元，其中包括了2 500万元的抗灾应急通信设备和灾后重建学校资金1 500万元；2003年，在全国抗击“非典”的大势面前，华为也没有落下，通过用技术回报社会的方式，向卫生部统计信息中心捐赠了一批价值80万元的网络设备。

“劳苦功高而不邀功，财源滚滚而不恋财”，正是任正非独特的价值观。虽然任正非算不上富豪，也从没有登上过任何富豪榜，但是他却为中国创造了一个巨大的商业帝国，为中国的社会发展做出了巨大贡献，为社会的发展进步提供了巨大支持。

那些受人尊敬的企业家，心中始终装着人民、装着国家，他们都有着一颗感恩之心，身上始终担负着社会责任。李嘉诚曾经提出了一系列值得思考的疑问："在我脑海中有一连串问题，如果把人类历史中兴衰递变的一切得失，细列在资产负债表上，那最真实和公平的观点会是什么？在一个变幻莫测的社会中，老定律已非必然，那么我们历久弥新的价值观在哪里？在一个丰裕和竞争激烈的社会，争取个人成就的愿望是如此强烈，谁又会为社会和谐付出心思与诚意的呼声？在一个官僚和公式化令想象力流于匮乏的世界，多元的科学和哲理经验与情操如何能成为一个人生命的重要元素？"

收获另外一种财富

当社会上根本认不出你是华为人的时候，你就是华为人；当这个社会认出你是华为人的时候，你就不是华为人，因为你的修炼还不到家。

——任正非

金钱，是企业财富的重要体现；但是除了金钱之外，一个企业的重要财富就是社会对这个企业的认可，也就是口碑。没有任何一家企业的财富王国是在人们的唾弃声中建立起来的，任何一家企业的生意都是在人们的赞誉声中发展起来的。社会的认可是企业不可多得的财富，也是一个企业的坚实后盾。俗话说“金杯银杯不如老百姓的口碑”，说的就是这个意思。

有一个著名的“250 定律”，意思是在每一位客户的背后，大约站着 250 个人，这 250 个人都是与客户关系比较亲近的人。假如一个人在年初见了 50 个人，其中有 2 个人对他的态度感到不愉快，那么等到年底的时候，由于连锁效应，可能会有 500 个人不愿意跟这个人打交道了。

对个人而言，口碑常常决定着这个人将来的发展和成就。而对于一家企业而言，口碑往往关系着其生死存亡。一家很小的企业，也会因为良好的口碑而渐渐发展壮大；再大的企业，也可能因为不好的口碑而从人们的视野中消失。

在创立初期，华为公司很小，只有几个人，但是却依靠自己的服务和技术，依靠自己艰苦奋斗的精神，依靠自己的诚信，在通信行业树立了良好的口碑，获得了社会的认可，慢慢取得了如今的成绩。如果没有良好的口碑，没有社会的认可，华为早就不见了。

企业家在为企业不断创造财富的同时，也不断地实现自己的人生价值。每一个成功的企业家都需要有出色的经营能力，这是让企业积累财富最基本的能力。与此同时，企业家还要有一个让社会认可的道德品质。具备让社会认可的道德品质往往很难，许多管理者虽然经营能力出色，但是疏于对自身形象的管理，通常唯利是图，使其口碑在社会上并不好，最终在舆论面前黯然失色。

当然，并不是所有的企业家都唯利是图，还有这样一批企业家，他们乐善好施，积极投身于社会公益事业，在企业经营中也总是保持着自己的经商原则，从而赢取人们的信任和拥护，为自己赢得一个良好的口碑，获得更多的人脉和资源，使自己的生意能够做到更大、更强、更久。

李嘉诚是一个大家尊敬的、并且拥有巨大财富商业帝国的领头人，他能够取得如此大的成绩，出色的商业才华起到了关键作用，但是促使他成功的另一个重要原因，就是他的乐善好施。事业有成的李嘉诚，从来不吝啬自己的财富，他积极地为家乡、为社会贡献力量，勇于承担自己的社会责任。

李嘉诚资助建立的学校不计其数；他还热衷于医疗事业和助残事业，为此专门成立了“长江新里程”计划，使成千上万的残疾人从中受益；他支持国家的各项活动，曾经为北京奥运会捐助了一亿元的善款……种种善举为他赢得了良好的口碑。这些口碑也成为了李嘉诚商业活动中的无形资产，让其公司的知名度提升，从而带来更多的机会。这些无形资产是十分宝贵、珍稀的资源，也成为了李嘉诚的个人财富。

成功的企业家注重对利益的追求，但同时也注重履行自己的社会责任。

他们用自己创造的财富积极地为社会做着贡献。在为他人提供各种方便的同时，也收获了另外一种财富——良好的口碑。

任正非是中国最受国际尊重的企业家之一，他经常对员工说："我们每打赢一仗，就会让我们的父老乡亲多一碗饭；也可能多捐一点钱给希望工程，让更多的孩子多读一点书。"

2017 年，许多人的朋友圈出现 72 岁的任正非深夜排队等出租车的照片。照片中的任正非一手推着行李箱，一手打电话，神态自若地站在等待出租车的队伍里，不少网友向这位年逾古稀的老人致敬。任正非用自己的行动，诠释了华为以客户为中心、以奋斗者为本、长期坚持艰苦奋斗的精神。

任正非以自己的行为，向人们解释了华为所倡导的艰苦奋斗精神。国际上，华为也用自己所做的公益事迹，树立了良好的形象。华为在取得成功之后，并没有捂紧自己的钱袋子，而是将所得用来做公益、做善事。任正非说过："在华为，物质文明和精神文明是并存的，企业的发展不能以利益来驱动、以物质利益为基准。如果以物质利益为基准，是建立不起强大的队伍的，企业也是不能长久的。"

公益的背后折射的是道德的光辉，可以说道德是构成企业的基础。一个没有道德底线的企业是不会去做对人类有益的事情的，一个没有道德的企业，很难树立起良好的社会口碑。没有良好口碑的企业，很难获得社会的认可，必将无法长久。所以说，要想成为一个长久屹立的企业，就必须时刻注意自己的道德，时刻遵守最基本的道德底线。任正非曾经说过："我们要注重干部思想道德的进步，注重干部综合素质的成长，注重团队的建设。创造一个好的环境，为公司的长远发展做出贡献。"

帮助他人就是成就自己

世界上一切资源都可能枯竭，只有一种资源可以生生不息，那就是文化。

——任正非

一天下午，在英国一个乡村里，一位贫困的农民正在劳动。忽然他听到河那边有呼救的声音，于是他赶紧放下手中的活计跑了过去，原来是一个小孩掉到了水里。于是农民赶紧跳到了河里，将孩子救了上来，后来才知道这个孩子是一个贵族家庭的儿子。

几天后，老贵族带着厚重的礼物亲自来感谢，农民却拒绝了这份厚礼，他说当时救人只是出于良心，并不是贪图他人的回报。农民的善良和质朴感动了老贵族，于是他决定资助农民的儿子到伦敦接受高等教育。让自己的儿子接受良好的教育是这个农民多年来的夙愿，于是这个农民接受了老贵族的这份馈赠。

时间过得很快，农民的儿子已经从伦敦圣玛丽医学院毕业了，他品学兼优，后来被英国皇家授勋封爵，还在1945年获得了诺贝尔医学奖。他就是亚历山大·弗莱明——青霉素的发明者。

那个老贵族的儿子也长大了，但是不幸的是在第二次世界大战时，患上了严重的肺炎，不过因为弗莱明发明的青霉素，他很快就痊愈了。他就是英国首相丘吉尔。

农民和贵族，都在别人需要帮助的时候义无反顾地伸出了援手。因为他们不经意的帮助，让自己的后代甚至国家收到了善种。“赠人玫瑰，手有余香”。我们在帮助他人、给别人带来希望和快乐的同时，不经意间也得到了快乐。这个世界很奇妙，一个人在帮助他人的同时也在成就着自己。

华为的公益事业“未来种子”在全球一百多个国家和地区展开，在欧洲就包括爱尔兰、奥地利、比利时、冰岛、波兰、丹麦、德国、法国、荷兰、挪威、瑞典、葡萄牙、意大利等多个国家。华为发布的公益广告受到了很多外国人的赞赏。华为在欧洲市场正在蓬勃发展，市场份额开始突飞猛进。

IDC（互联网数据中心）的研究报告显示：2017 年第一季度，华为在欧洲的手机出货量为 360 万部，市场占有率为 11.4%；到了 2018 年第二季度，华为的出货量达到了 670 万部，赢得了 24.8% 的欧洲市场份额，超过了苹果。这是多么令人骄傲的事情。

现在每五个欧洲人手里，就有一个人拿的是华为手机。一位网友说，现在巴黎的卖场里都有华为手机，华为还在巴黎办过好几场招聘会；在德国火车站，两个等车的学生正在用德语谈论华为手机；在意大利，年轻漂亮的女孩纷纷用华为 P9 拍的照片写博客。

当然，华为手机销售量的增长与华为的很多方面息息相关，但这也说明了欧洲市场对华为品牌的认可，这与华为之前的公益活动不无关系。一个企业只有懂得付出、懂得去帮助他人，才能获得好的口碑，才能被社会认可，才能走得长久和坚定；即使遇到了困难和挫折，也会有人助你一臂之力。

华为是一家有责任心的公司，不仅对员工负责，还对客户负责。因为企业的责任心，员工都有很强的责任感，有全局意识和很强的执行力，总是能站在公司发展的角度来思考和做事。这样的认真负责提高了客户的满意度，而客户满意度的提高又让公司赢得了更多的市场。

无数个体的责任心构成了企业强大的战斗力和竞争力，让企业不断走新上台阶，企业的市场信誉、形象也会不断地提高，从而使企业被更多的人认可，企业整体的竞争力会不断加强。

所谓“得道者多助，失道者寡助”。那些没有社会责任心、一切只是为了钱的企业，最终都会走向灭亡。责任心是企业核心竞争力形成的基础，那些不愿承担社会责任的企业，怎么可能会培养具有责任心的员工？员工没有责任心，一家企业资金再雄厚、规模再庞大、设备再先进，也不可能长久地发展下去。

企业该怎样帮助他人，承担起自己的社会责任？对于这一问题，现在还没有明确的规定，但企业应明确自身所承担的责任。

第一，企业有承担明礼诚信确保自己产品货真价实的责任。

目前，由于诚信的缺失，市场经济的正常运营受到破坏。由于有的企业不守信，假货随处可见，不少企业因假货的干扰和打假难度太大而难以为继，岌岌可危。为了维护市场秩序，保证消费者的合法利益，企业必须承担起明礼诚信、确保产品货真价实的社会责任。

第二，企业有承担科学发展与交纳税款的责任。

企业的任务是发展和赢利，并担负着增加国家税收和发展的使命。

第三，企业有承担可持续发展与节约资源的责任。

企业要着眼于全局和未来，坚持可持续发展，高度关注节约资源；并要改变经济增长方式，调整产业结构，发展循环经济。

第四，企业有承担保护环境和维护自然和谐的责任。

随着全球环境的日益恶化，特别是大气、水、海洋的污染日益严重，人类的生存受到了威胁，这时需要企业担负起保护环境和维护自然和谐的重任。

第五，企业有承担公共产品与文化建设的责任。

医疗卫生不仅影响全民族的身体健康，也影响着社会劳动力资源的供应；文化建设可以陶冶人的情操，提高人的素质。虽然公共产品和文化事业的发展是国家的责任，但企业也应当分出一些财力和精力，担负起发展医疗卫生、教育和文化建设的责任。

第六，企业有承担扶贫济困和发展慈善事业的责任。

为了社会的发展，也为了企业自身的发展，企业应该承担起扶贫济困、发展慈善事业的责任。

第七，企业有承担保护职工健康和确保职工待遇的责任。

作为企业，要遵纪守法、爱护员工，做好劳动保护工作，不断提高员工的工资水平，保证按时发放工资。

第八、企业有承担发展科技和自主创新知识产权的责任。

企业要高度重视对引进技术的消化吸收和科技研发，加大对发展的资金与人员的投入，努力做到创新以企业为主体。

第九，企业有保护股东和债权人利益的责任。

企业的社会责任还要求企业保护同是社会一部分的中小股东和企业的债权人上，这主要体现为：企业在采取重大行动时禁止关联交易，及时向社会公众披露有关信息。

帮助他人时，会得到别人的感激，这样就有更多的人愿意支持你，愿意与你合作，你的企业也就会越做越大。帮助他人就是成就自己。